A ACEITAÇÃO DE SI MESMO E AS IDADES DA VIDA

ROMANO GUARDINI

A ACEITAÇÃO DE SI MESMO E AS IDADES DA VIDA

Tradução do Alemão
João Camara Neiva

Editora Palas Athena

Título original:
Die Liebensalter / Die Annahmeseiner Selbest

Coordenação editorial: *Emilio Moufarrige*
Revisão da 2ª edição: *Adir de Lima*
Projeto gráfico: *Maria do Carmo de Oliveira*
Foto da capa: *Cristina Domingos*
Impressão e acabamento: *Gráfica Palas Athena*

Ficha elaborada pela Biblioteca da Associação Palas Athena SP

Guardini, Romano, Pe., 1885 – 1968
G948a A Aceitação de Si Mesmo / por Romano Guardini;
tradução do alemão: João Camara Neiva.
São Paulo: Palas Athena, 1987.
144 págs. 14 x 21cm
ISBN 85-7242-021-5

1. Psicologia filosófica 2. Psicologia das idades

I. Título
Traduzido do alemão.
Encadernado com: As Idades da Vida, do mesmo autor.
C D U - 159.922.6
- 159.9.01

Índices para catálogo sistemático:
1. Psicologia filosófica 159.9.01
2. Idade: Influência: Psicologia 159.922.6

2ª Edição revisada

Direitos adquiridos para a língua portuguesa pela
EDITORA PALAS ATHENA
Rua Serra de Paracaina, 240 – Cambuci
01522-020 – São Paulo – SP – Brasil
Fone: (011)3209-6288 – fax: (11) 3277-8137
www.palasathena.org editora@palasathena.org

2003

ÍNDICE

A ACEITAÇÃO DE SI MESMO

A Aceitação de Si Mesmo 09

Apêndice 36

AS IDADES DA VIDA

Notas do editor alemão 41

As idades da vida – seu significado
ético e pedagógico 43

Fases e conjunto 43

A vida no útero materno, nascimento e infância . . . 49

A crise do amadurecimento 55

O jovem 59

A crise da experiência 74

O adulto 79

A crise do reconhecimento dos limites 82

O homem sereno 87

A crise do desinteresse 89

O homem sábio 94

A entrada na senectude 98

O homem senil 101

Retrospecto 114

As idades da vida e a Filosofia 116

O envelhecimento 127

A ACEITAÇÃO DE SI MESMO

Todos os que pensam sabem que sempre encontrarão na vida coisas que parecem simples, banais mesmo, mas que a simplicidade aparente é apenas o reverso da profundidade e da riqueza de significado que essas coisas possuem.

A simplicidade das coisas pode até se tornar o próprio véu de sua importância. Nossa ansiedade compraz-se na busca do interessante e do prodigioso; e enquanto nos apegamos a esse desejo, aquilo que é realmente importante adquire caráter cotidiano e se afasta de nossa vista. Quem pensa verdadeiramente deve aprender a transpassar a aparência do evidente e mergulhar na profundeza perdida.

Tenhamos sempre em mente a seguinte verdade, aquela verdade que mais de perto nos afeta: eu sou precisamente quem sou, aqui e agora. Cada um de nós é quem é.

Exprimimos essa verdade pela frase: eu, para mim, sou absolutamente o *dado*[1], aquilo que para mim é óbvio

---

[1] O "dado" deve ser aqui entendido como aquilo que é apresentado imediatamente ao espírito do homem, e assim utilizado como ponto

que seja – o que constitui o fundamento de todo o resto; é meu referencial para todas as coisas, e, daqui, parto para tudo.

Eu realmente me pressuponho em tudo. Toda afirmação que faço contém, de modo claro ou implícito, a palavra eu. Todo ato que pratico está imbuído de mim. O que acontece em minha vida *me* afeta. Sempre estou presente: diretamente, em atividades imediatas, encontros, ingerências – ou indiretamente, quando digo: *meu* meio, *meu* país, *meu* mundo.

Posso afastar-me cada vez mais do meu Eu imediato. Dizemos *meio, país, mundo,* mas persiste sempre a ligação comigo: é o meio que me envolve, o país em que vivo, o mundo ao qual pertenço. Poderia tentar me superar e falar de coisas como se eu não existisse. Seria muito bom, como um exercício do espírito, em que ele procurasse fazer abstração de si mesmo. Entretanto, persiste a ligação, pois sou sempre aquele que procura sair de si mesmo – sem esquecer que, apesar de tudo, eu sempre me levo comigo e que a qualquer coisa que eu dirija meu interesse, inclusive o mais simples olhar, contém um pouco de mim mesmo.

Assim, eu sou o antípoda vivo do mundo. Este só existe para mim como aquele em que me encontro; que enfrento; em que atuo. Um mundo em que eu não existisse não representaria mais do que uma barreira para minha presunção; na verdade, não posso sequer imaginá-

---

de partida para a compreensão e interpretação do mundo. Possui, como seus correspondentes em outras línguas, ampla abrangência. No original alemão: *das Gegebene.* [N.T.]

lo... Mas a realidade é mais incisiva ainda: uma vez que eu existo, não há absolutamente um mundo em que eu não exista. Para aquele que de alguma forma tenha percebido como é tola a arrogância, isso soa estranho; mas assim é. Para todos, o mundo é o seu mundo e realmente não existe outro.

Meu Eu tem, portanto, o cunho do inevitável – quase se poderia dizer, de uma espécie de necessidade. Apenas *quase* – o que significa esse *quase*, veremos a seguir. Mas, de qualquer modo, quase. Esse é o pressuposto básico, aquilo que está no interior de tudo. O próximo, até o mais íntimo, a proximidade – sempre *eu*.

Agora devemos falar daquele quase, que acaba de surgir à nossa frente como um alerta; pois ele questiona a existência do nosso próprio Eu, que parecia inicialmente tão certa – e até que ponto o homem pode acompanhar esta questão é uma prova para sua vitalidade espiritual.

Para mim, eu não sou apenas óbvio, mas também estranho, enigmático e até mesmo desconhecido; tudo isso a tal ponto que podem acontecer coisas como esta: um dia olho o espelho e me pergunto, surpreso (como é reveladora a palavra *surpreso*, bem próxima de *estranheza* e de *estranheza afastada*[2]; pensemos bem: estranheza entre mim e minha própria imagem!): "Quem é aquele?"

---

[2] Trata-se aparentemente de um trocadilho em língua alemã, intraduzível para o português. O autor separa a palavra *befremdet (surpreso)* em prefixo *be* e raiz *fremd* + desinência *et (be fremdet)*. A raiz *fremd* tem o sentido geral de estranho, estrangeiro, etc. Diz então, o autor, que a palavra *befremdet* se aproxima de *Fremdheit (estranheza)*, mas ao mesmo tempo dela se afasta. Essa é a nossa interpretação. [N.T.]

O espelho é realmente algo maravilhoso. As lendas nos contam coisas cheias de mistérios sobre os espelhos, e os apóstolos das lendas, os poetas, aprenderam muito com elas. No espelho, vê-se como eu, que parecia tão firme e plenamente integrado comigo mesmo, repentinamente me coloco em face de mim mesmo e converto-me em "objeto". Que significa então: "Eu sou eu-mesmo?"[3] Não me seria igualmente lícito dizer: "Eu não sou eu, mas espero um dia vir a ser eu? Eu não me tenho, mas estou a caminho de *mim*? Eu não me conheço, mas procuro me reconhecer?"

Em um belo romance – daqueles que, embora não se incluam entre os mais notáveis em seu gênero, são completos dentro de seu modesto valor –, no *Kim* de Kipling, conta-se a história de um jovem chamado Kimball. Ele era órfão, filho de pai irlandês e mãe indiana. Às

---

[3] A poesia *Margareta* de Mörike diz:

Se eu pudesse, oh alma, captar-te como és
No espelho mais puro,
Tudo que é teu e que é teu unicamente,
Ir ao teu encontro como um estranho!
Se apenas desses olhos um olhar fosse lançado,
Como ele nos atingiria no próprio coração...
Trazida como um sopro de frêmito feliz,
Tu te aproximarias temerosa da imagem inominada,
Como de um enigma que implora solução
Para que um no outro para sempre se acalmasse;
Mas, ah, tu mal reconheceste metade de ti mesmo,
Não te conheces e já te foste embora!

Foi necessária uma análise profunda para apreender a riqueza do significado desses versos. Ver Guardini, *Gegenwart und Geheimnis* [Presença e Mistério], uma interpretação de cinco poesias de Eduard Mörike, 1957, pág. 35 e seguintes. A poesia original de Mörike é a seguinte:

vezes ocorria-lhe algo estranho. Ficava quieto e dizia para si mesmo: *"Eu, Kim... eu, Kim... eu, Kim"*

Assim fazendo, tinha a sensação de aprofundar-se cada vez mais em alguma coisa definitiva, indizível; e se conseguisse atingi-la, tudo estaria bem. No penúltimo instante, entretanto, tudo se rompia e ele voltava sobressaltado à superfície: fora em vão. Um dia, surge-lhe à frente um asceta, que o olha e diz com tristeza na face: *Eu sei..., eu sei..., não adianta!* Do que se trata? Que desejo tinha o jovem? Que seria isso que o velho homem, experiente e versado em práticas interiores, já sabia que não seria atingido? Seria com seu nome captar o próprio *Eu.* O nome é o abrir-se em palavra; o ser consciente. Kim tinha, portanto, desejado que seu ser e saber se fundissem em um só, de modo que ele se tornasse evidente para si mesmo. Então, tudo estaria bem. Mas o próprio fato de Kim prosseguir na busca dessa meta indicava que ainda não conseguira encontrar a maneira de exprimir, que chegara aos limites de suas possibilidades, de sua finitude.

Könnt' ich, o Seele, wie du bist,
Dich in den reinsten Spiegel fassen,
Was all dir einzig eigen ist,
Als Fremdes dir begegnen lassen!
Ja fiele nur aus diesem Aug' ein Blick,
Wie er uns traf, ins eigne Herz zurück –

Von sel'gen Schauern angeweht,
Scheu nahtest du dem namenlosen Bilde,
Wie einem Rätsel, das um Lösung fleht,
Dass eins im andern sich auf ewig stillte;
Doch ach, kaum hast du halb dich selbst erkannt,
Verkennst du dich, und hast du abgewandt!

Em diferentes povos, sobretudo do Norte,[4] encontra-se um mito de profundo significado, o mito do *espírito acompanhante*, do *duplo*, do *outro eu*. Segundo esse mito, o homem é, antes de tudo, aquilo que aparenta ser; além disso, ele é o mesmo outra vez e, assim, é verdadeiro. Esse ser verdadeiro, contudo, coloca-se sempre atrás do ser imediato e por isso é chamado espírito acompanhante. O homem imediato não vê, portanto, o verdadeiro; apenas sente que ele está lá; porém sempre *atrás* dele, ou seja, na região do não-manifestado. Entretanto, às vezes, o homem se volta, coloca-se diante do outro *ele* e o contempla. É quando o imediato vê o verdadeiro e, ao vê-lo, fica conhecendo a si próprio. Pela história de Kim, poder-se-ía dizer: seu Eu e seu nome tornaram-se um só. Mas isso é a morte. Desta concepção se originou a figura da Valquíria: no momento em que ela se defronta com seu escolhido, ele morre.

Tudo isso significa que aquilo que chamo Eu, é o meu dado. O que, entretanto, não é absoluto, mas relativo e questionável.

Muitos filósofos tentaram derrubar essa visão. Pensemos um pouco na doutrina da identidade do idealismo alemão, ao afirmar que o Eu-mesmo finito nada mais é do que a forma velada do Eu-mesmo infinito, ou seja, do Eu de Deus. Isso soa muito profundo, mas na realidade não é. Para começar, a afirmativa é falsa; pois, quando me confronto honestamente comigo mesmo, sei perfeitamente que não sou absoluto; que todo panteísmo

[4] O autor se refere aos povos do norte da Europa ou, mais precisamente, aos povos escandinavos. (N.T.)

provém de uma embriaguez, de um excesso. Além disso, a idéia é superficial, pois a profundidade característica, admirável e opressora de nossa existência consiste em que eu sou pessoa como ser finito.

A relativa facilidade com que estabelecemos essa distinção é uma peculiaridade de nosso espírito ocidental, que o diferencia do espírito asiático, propenso ao panteísmo. Ainda em *Kim* é narrada uma outra passagem. Um asiático quer verificar se o jovem é adequado para uma tarefa perigosa; conduzindo-o, então, a um estado de semi-hipnose, aponta-lhe um cântaro que ali se encontrava: "Vês o cântaro? Vês que ele tem uma rachadura? E que por essa rachadura sai água? Vês como se forma uma poça d'água em torno do cântaro?" O jovem começa logo a ver a rachadura e a água vazando. Entretanto, alguma coisa dentro dele o contradiz: "Mas isso não é verdade!" E que faz ele? Em legítima defesa de seu espírito semi-europeu, ao perceber que está sendo levado a um engano, recita a tabuada de multiplicar, e tem diante de seus olhos um cântaro bom, que não vaza mais água.

O homem lhe diz: "É o primeiro que resistiu a mim. Eu gostaria de saber como o fez. Mas isso, naturalmente, não me revelará". Ele pensa que o jovem possui poderes mágicos de defesa; este, contudo, não tinha feito outra coisa que estabelecer distinções. Pela firmeza de sua autoafirmação espiritual, verificou que dois e dois são sempre quatro, não só sempre como efetivamente quatro; não cinco, nem dez, nem cem e principalmente não infinito. Libertou-se da ilusão da infinitude, da má infinitude em que se desfazem todas as diferenças, na qual tudo pode se transformar em tudo, porque nada é realmente como transitoriamente se apresenta. Estabeleceu as fronteiras, guardando assim o verdadeiro mistério da vida humana, tão insondável dentro de sua própria evidência.

Surge assim a pergunta: De que maneira eu sou Eu mesmo? Então, a expressão "para mim, eu sou o dado" adquire um novo sentido.

Inicialmente ela significava: meu ser-eu é para mim o óbvio, o primeiro, o núcleo de tudo mais. Tudo se refere a esse Eu. O que para mim se chama "mundo" foi construído a partir dele e dele se aproxima. Porém também significa: eu não sou eu por natureza, mas estou sendo "dado" a mim. Ou seja, eu me recebi.

No início de minha existência – não só no início cronológico, mas também no início de minha essência, entendido como suas raízes e seu fundamento – não se encontra uma decisão própria, minha, de ser. E eu, muito menos ainda, me encontro simplesmente aqui, sem necessidade de uma decisão de vir a ser. Isso só acontece com Deus. O que ocorreu no início de minha existência foi uma iniciativa; foi alguém que me deu a mim mesmo.

Deu-me integralmente – e na forma deste ser determinado. Não apenas como homem, mas como este homem, pertencente a este povo, a este tempo, com este tipo e nestas condições. Atingindo até aquelas últimas determinações, que só ocorrem uma única vez, e, desta vez, em mim; até aquela última peculiaridade, que faz com que eu me reconheça em tudo que faço e que se exprime em meu nome.

Mas, com isso, impõe-se ao mesmo tempo um grande dever, possivelmente aquele que se encontra na base de todos os deveres.

Eu devo querer ser aquilo que sou, querer ser realmente eu e somente eu. Devo colocar-me dentro do meu Eu tal como ele é e aceitar a missão que me for dada no mundo. Tomar a configuração daquilo que se chama *vocação,* pois a partir deste ponto me aproximo das coisas e as assumo.

Expressemos isso pela forma negativa: não posso fugir dessas atribuições refugiando-me na fantasia ou sonhando que sou este ou aquele, que faço isto e aquilo, que tenho tais e tais poderes, que desempenho tal ou qual função. Até certo ponto, tudo isso é inofensivo; assim nos recuperamos do fato de sermos nós mesmos. Deste momento em diante, contudo, existe o perigo de fugirmos de nós próprios.

Igualmente, não posso fugir do mal que existe em mim: mau temperamento, hábitos arraigados, culpa acumulada. Devo admiti-lo e enfrentá-lo: assim sou eu, eu fiz isso. Não por teimosia, o que não seria aceitação, e sim endurecimento. Mas colocando-me sempre dentro da verdade, porque só ela supera o mal: eu sou assim, porém quero mudar.

A forma extrema de evasão é o suicídio. Não é ocioso falar sobre ele, pois o suicídio representa, cada vez mais, um dos grandes perigos de nosso tempo. A fidelidade está em decadência; inclusive, e precisamente, como fidelidade ao próprio ser. O sentimento de que ser Eu é um dever se debilita cada vez mais, porque a consciência de ter sido dado a si mesmo está desaparecendo. Como as formas de acabar com a vida estão sempre mais simples, o suicídio se torna também mais fácil e banal. Tem-se exaltado como expressão máxima de coragem, poder-se, em determinado momento, dar fim à vida sem muito alarde – mas será que é realmente coragem enfrentar externamente o perigo, sem por isso responder perante si mesmo? A cápsula de cianeto de potássio no bolso não afasta, na realidade, a coragem genuína?

A verdadeira coragem consiste em saber que fomos colocados em certo lugar – não pelo chefe ocasional, grande ou pequeno, mas pelo Senhor da vida, Deus – e de lá não fugir, até que Ele próprio nos convoque. Portanto é isso que, de fato, confere seriedade a todos os atos e riscos. A outra coragem vem da falta de auto-apreço: sou um qualquer; se eu desaparecer, haverá outros. É como ocorre com as formigas errantes: mata-se uma, aparecem cem; matam-se todas, a espécie continua; extingue-se a própria espécie, não importa – afinal, nada é realmente importante.

Esse dever pode tornar-se muito difícil.

O homem se rebela contra a obrigação de ser ele mesmo. Por que devo fazer isso? Conseguir ser eu mesmo?...

Tem-se a sensação de que sermos nós mesmos não compensa mais.

Que me resta, então, de tudo isso? Estou entendiado de mim; sinto repugnância por mim mesmo. Eu não me agüento mais...

Temos a impressão de estar iludidos a nosso respeito, de estar encarcerados em nós mesmos. Eu sou só isso, queria ser mais. Possuo apenas estes talentos, gostaria de ter outros, maiores e mais luminosos. Tenho que ser sempre o mesmo. Esbarro invariavelmente nas mesmas fronteiras. Com freqüência cometo os mesmos erros, recebo as mesmas recusas.

Disso pode advir uma monotonia infinita, um tédio terrível. Épocas inteiras tiveram essa característica; e, na verdade, épocas de cultura muito elevada. Pensemos na França do século XVIII, em que o tédio teve uma influência que mal podemos compreender – mas tão grande que muitos daqueles que viveram naquele tempo, cercados por um admirável refinamento da forma, do trato, das artes, dos prazeres da vida, "secaram de tédio", como dizia Pascal.

Assim, o ato de sermos nós mesmos passa a ser, em suas raízes, um exercício de ascese; devo renunciar ao desejo de ser diferente do que sou, de ser, de alguma outra forma, um outro que não aquele que sou. Até que ponto esse desejo talvez seja premente, vemos nos mitos e lendas repetidamente encontrados em todos os povos, quando alguém quer se transformar em outro ser: para o alto, em uma constelação; para baixo, em um animal, um monstro, uma pedra... Devo renunciar à posse de talentos que me foram negados; reconhecer minhas limitações e respeitá-las. Isso não significa renúncia ao desejo de elevar-me, coisa que posso e devo fazer, mas sempre em direção àquilo que me foi atribuído... Não devo entregar-me ao ressentimento, atitude reveladora de que não aceitei, não renunciei e insisti em fazer, embora mal, aquilo que me foi negado.

Na raiz de tudo está o ato de aceitar-me. Devo concordar em ser o que sou. Concordar em ter as qualidades que tenho. Concordar em manter-me dentro dos limites que me foram traçados.

Tudo isso fica especialmente difícil quando tomo consciência não só das limitações, mas também das carências e defeitos do meu ser: problemas de saúde; perturbações da estrutura psíquica; cargas hereditárias; preocupações com a situação social e histórica, e assim por diante. Por que tudo isso?

Essas considerações nos permitem uma consciência nítida que a assunção da existência não pode ser apreendida pela mente. Posso saber como cheguei a esta ou àquela situação: talvez não tenha sido cauteloso, ou tenha sofrido um acidente que causou danos. Mas isso tudo está realmente claro? Está, desde que aconteça com outro. As seqüências de idéias – ele foi imprudente, foi atropelado e sofreu uma fratura... ou: seus pais o educaram desse modo e assim se criaram esses defeitos... ou: seus antepassados também tinham essas deficiências físicas ou mentais, que passaram para ele – satisfazem a questão do porquê.

Mas, quando em vez da palavra *ele* entra a palavra *eu*, será que tudo ainda está claro? Biológica e psicologicamente, tudo bem; mas, e existencialmente? Na compreensão viva de mim mesmo? Uma explicação como essa não perde sua força de convicção quando se refere a mim? Eu sofri um acidente – por que justamente eu? Meus pais cometeram estes e aqueles erros de educação – por que justamente meus pais? Meus antepassados tinham esta ou aquela tara – por que justamente aqueles de quem descendo?

Para as perguntas: Por que sou como sou? Por que sou, ao invés de não ser? – e todos os seus desdobramentos em todos os horizontes de minha existência – não há uma resposta proveniente de meu ser imediato, ou de meu meio; ou dada pelo próprio mundo.

Todas as tentativas de explicar-me por meio das condições da sociedade, da história, da natureza, não passam de mal-entendidos. Essas *explicações* respondem a questões referentes ao correlacionamento das causas materiais, biológicas e históricas. Porém, a pergunta tratada aqui é inteiramente diferente: refere-se a algo que só existe uma vez: eu... E, não porque eu seja uma coisa importante, uma coisa extraordinária, mas porque sou exatamente eu mesmo, o que invalida qualquer enquadramento meu no universal. A pergunta – por que devo, justamente eu, sofrer esta ou aquela influência? – não tem resposta.

Não posso explicar como sou eu mesmo; não posso entender por que eu deva ser isto ou aquilo; não posso explicar minha existência por leis naturais ou históricas, porque não sou uma necessidade, mas um fato. Ao mesmo tempo, para mim, sou fato em sentido absoluto, que é como é, e poderia ser diferente. E também poderia não ser, e, no entanto, a partir de seu íntimo determina toda minha existência.

Isso significa que não posso me explicar, nem me demonstrar, mas devo me aceitar. A lucidez e a coragem dessa aceitação constituem o fundamento de todo o existir.

Não posso atender a essa exigência por caminhos puramente éticos. Só posso fazê-lo partindo de algo mais elevado – e assim chegamos à fé.

Ter fé significa, aqui, que entendo a minha finitude a partir da instância suprema, da vontade de Deus.

Deus é real e necessário. Ele Se funda em Si mesmo; é pleno de significado e não precisa de explicação. A explicação de Deus é Ele próprio: Ele é assim porque é assim. Ele é absoluto porque é Deus. Ele é absolutamente evidente por Si mesmo – e devemos, certamente, acrescentar que aquele "mesmo" de cuja compreensão aqui falamos é o próprio "mesmo" de Deus.

Esse Deus é o Senhor; e Ele o é em essência. Isso significa que Ele é Senhor não só do mundo, como, antes de tudo, Senhor de Si mesmo. Ele repousa em Seu próprio reino. É esse, também, o nome que deu a Si mesmo. No começo da História Sagrada temos a visão do Horeb. Moisés disse a Deus: "Quando eu for aos filhos de Israel e disser: 'O Deus de vossos pais me enviou até vós'; e me perguntarem: 'Qual é o seu nome?', que direi?" Disse Deus a Moisés: "Eu sou aquele que é". Disse mais: "Assim dirás aos filhos de Israel: 'EU SOU me enviou até vós'." (Ex. 3, 13-14). Mas que significa o nome que Deus deu a Si mesmo? Eu sou Aquele que aqui está em realidade e poder, e agora começo a agir... E significa ainda: Não tomei nome do mundo, mas tenho-o em Mim mesmo. E significa, no mais íntimo: Meu nome é o modo como Eu sou Eu-mesmo. Só Eu sou assim: ao mesmo tempo em pura necessidade e em completa liberdade.

Foi esse Deus que me criou. Prossigamos em nosso tema: Ele é Aquele que me deu a mim. Isso encerra a questão. Além disso não tem sentido perguntar, por exemplo: "Por que Ele me deu a mim, e por que me deu como este que sou, aqui e agora?", pois isso mostraria apenas que não compreendi o que significa "Deus". A resposta seria: Ele me criou porque isso é certo no conjunto do mundo; ou porque nesse conjunto devo fazer isto ou aquilo; ou porque tem sentido que haja existência pessoal; e o que foi dito acima significa menos e não mais do que responder: porque Ele assim o quis.[5]

As questões da existência: Por que sou quem sou? Por que acontece a mim o que me acontece? Por que me é negado aquilo que me é negado? Por que sou como sou? Afinal, por que sou ao invés de não ser? – essas questões só recebem resposta em nossa relação com Deus.

Devemos, no entanto, acrescentar: desde que essa relação não seja apenas idealizada de maneira abstrata, mas que seja sentida vivencialmente e à medida que isso acontece. E isso pode acontecer. Pois uma experiência como essa é bem uma graça; está prometido que ela – a boa dádiva, simplesmente – seja concedida àqueles que com perseverança e sinceridade em seus corações a imploram, e obstinadamente a buscam com preces e meditação.

Nos primórdios da filosofia ocidental surge repetidamente a questão do *arché*, o princípio de todas as coisas; essa questão é respondida de várias maneiras e com diversos graus de profundidade. Mas só existe uma resposta efetiva: a convicção religiosa que meu princípio está em Deus. Ou, mais corretamente: na vontade de Deus a mim dirigida, eu devo ser, e ser o que sou. Devoção também significa aceitar-se a partir da vontade de Deus.

Este é o princípio e o fim de toda sabedoria. Renúncia à soberba. Fidelidade ao real. A pureza e a decisão de ser si-mesmo, e, portanto, a raiz do caráter. A coragem

---

[5] De qualquer modo, a concepção de Deus também deve ser aqui completa e clara. Ver Apêndice.

que se posta diante da existência e que por ela se alegra. É bom sempre retomar consciência desta *Magna Charta* da existência.

É este também o ponto certo para se dizer alguma coisa sobre o estado de espírito de que tanto se fala atualmente, com ou sem seriedade: a angústia. Não nos referimos àquela angústia provocada por uma causa justa, como o sentimento de estar ameaçado pela situação política ou pela própria evolução cultural e social.[6] Falamos da angústia que não tem causa definida, mas que vem da situação sempre dada da existência. A filosofia dos últimos decênios vê na angústia a própria experiência do ser finito, que se sente oprimido pelo Nada. E julga que ela seja inseparável da consciência de ser, que lhe seja mesmo idêntica; ser significa estar angustiado.

É tempo de refutar esta idéia. Ao ser finito não cabe necessariamente viver em angústia; tem também como possibilidade viver com coragem e confiança. Se nossa existência tem a marca da angústia, não é por causa da primeira, mas da segunda; pois a finitude que aqui se angustia é culpada por sua própria angústia. É a finitude revoltada que, justamente por sua revolta, caiu no abandono. Como primeira finitude, o homem, em seus primórdios, sabia-se criado e entregue a si mesmo por Deus, o Verdadeiro e Benévolo. Sabia que sua liberdade era fundada na livre vontade de Deus; desse conhecimento vieram-lhe o direito e o poder de seguir sua vida. A finitude era sentida como uma forma de felicidade, uma

[6] Cf. Guardini, *Die Macht (*O Poder), Würzburg, 1965.

possibilidade de realização plena. Nela não havia angústia, mas coragem, confiança e alegria. Sua expressão era o Paraíso.

A angústia só apareceu quando o homem se rebelou contra sua finitude; quando não quis mais ser imagem, mas modelo, ou seja, quando pretendeu ser infinito-absoluto. Certamente, permaneceu finito, mas perdeu contato com sua origem. A confiança se transformou em arrogância, a coragem, em medo. A finitude, antes considerada como coisa preciosa, apresentou-se à consciência como algo questionável; a incomensurável amplidão do possível se converteu no vazio. Até que, finalmente, a negação de Deus, que hoje se observa, criou em torno da própria finitude o vácuo ameaçador, o nada, discutido até o tédio, o espectro do Deus negado. Quem se encontra nessas condições tem motivos para se angustiar, não porque a angústia pertença à natureza da finitude, mas porque o homem, levando ao extremo a herança do pecado original, optou pela existência sem sentido da pura finitude.

Voltemos atrás: somente o caminho que parte da aceitação de si próprio leva ao verdadeiro futuro – cada um ao seu. Porque crescer como homem não significa querer sair de si mesmo. Comportar-se eticamente não significa renunciar a si próprio. Critiquemo-nos, respeitando porém o que Deus colocou em nós. O arrependimento não deve jamais se converter em renúncia a si mesmo. Compreender o arrependimento é essencial para uma compreensão profunda do homem, assim como é essencial praticá-lo, para orientação da própria vida, que deve seguir seu curso entre os abismos da soberba, de um lado, e do desespero, de outro.

O arrependimento é uma das mais poderosas formas de expressão de nossa liberdade. Pelo arrependimento, fazemos nosso próprio julgamento, tomando o partido do bem contra nós mesmos. O arrependimento não pode fazer que o acontecido deixe de ter acontecido; tentá-lo seria uma mentira. Ao contrário, ele se apóia na verdade, no reconhecimento de que realmente fiz isto ou aquilo. Essa verdade torna-se o ponto de partida para um novo comportamento, e constrói, assim, um novo caráter.

Nossa vida só é definitiva após o último alento; até lá, tudo que nos acontece de bom e de mau pode mudar de aspecto quando o encaramos com outra postura, um novo prisma, formulando-se, assim, as conclusões que nos forem possíveis. Desse modo, nossa vida passa a ser aquilo em que essa tomada de posição a converte. O que não significa que o arrependido se desfaça de si mesmo. Se fizer isso, já não será mais por arrependimento, mas por desespero.[7]

Em vista da degradação que o homem inflige a si mesmo, em pensamento e ação, gostaríamos de exprimir da seguinte forma essa idéia: devemos nos arrepender daquilo que de mal fizemos e do que desse modo nos tornamos – mas, sempre respeitando aquilo para que Deus nos criou anteriormente e de modo fundamental. O respeito do homem por si mesmo precisa ser reencontrado;

---

[7] Não podemos penetrar aqui no mais profundo sentido do arrependimento, em sua relação com o divino poder do princípio, com a graça e com a ressurreição, tudo condensado no mistério da redenção.

ele está ligado à verdade muito esquecida de que o próprio Deus nos respeita. O homem não provém da natureza, mas do conhecimento e do amor, o que significa dizer, da responsabilidade do Deus vivo.

Um homem que provisse apenas da natureza não teria respeito por si mesmo, tal como um animal. E é importante que aprendamos a ter respeito próprio, pois a história da humanidade nos ameaça cada vez mais com a degradação do homem e com a sua aniquilação – e uma coisa só é possível com a outra. A guerra moderna, com todas as suas armas, não seria possível se o homem não sentisse atração pela morte; e nenhum totalitarismo vingaria se não houvesse no homem alguma coisa que aceitasse sua própria degradação. Deus não criou o homem como o fez com os corpos celestes, quer dizer, como objeto, mas, colocando-o em seu Tu e chamando-o para Si. Exatamente com isso, Ele fez do respeito pelo homem a base da relação deste consigo mesmo. Assim, também, o juízo que o homem faz de si próprio não deverá jamais destruir o respeito básico que tem por si mesmo, pois Deus o tem.[8]

Ainda mais: se estou dando-me a mim mesmo, também me está sendo dada a minha oportunidade de vida; e se Aquele que me deu a mim é Sabedoria e Bondade, e que é, como diz Cristo, o meu Pai – então, segundo as palavras do mesmo Cristo, Ele quer que "eu viva, e viva

8 A situação a que o totalitarismo leva o homem impõe uma alta prioridade ao estudo da honra e à elaboração de uma ética de honra cristã, inclusive e principalmente em relação à consciência do pecado e à exigência de humildade.

em plenitude". Essa plenitude de vida só pode ser a minha, e não a de outro. Assim, o caminho para todo o bem parte de minha própria atitude – e a determinação da aceitação de mim mesmo significa, ao mesmo tempo, confiança nesse caminho.

Ser-Eu significa exatamente ter um caminho que conduza do Eu dos primórdios ao Eu da plenitude. Esse caminho pode dar voltas entre sombras e aflições. Pode desaparecer em alguns pontos e encher-se de entulhos. Mas está sempre lá, ainda que entre ruínas. Essas coisas não são ditas com prazer. Soam patéticas; além disso, a consciência questiona a seriedade de quem disse essas palavras. Porém, a verdade deve, finalmente, ser dita, mesmo que não possa ser encarada. A morte não é aquilo que o palavreado macabro da filosofia, da poesia e da arte apregoa: o caminho passa por ela.

Mas isto estará certo se observado à luz da mensagem cristã? Esta nos fala do pecado original do homem, dizendo-o incapaz de salvar-se por si mesmo, que tudo que nos leva à salvação – a redenção, o perdão, a santificação – só pode vir da Graça. Com tudo isso não fica anulado o que dissemos?

Tudo que leva à salvação é Graça; isso está fora de dúvida. Mas não devemos confundir as idéias. Existe um modo de abordar o estado de graça da nova vida que é fatal, porque anula a pessoa do homem, que é levado à sua própria redenção como uma coisa destituída de vontade. Ou separa um do outro, colocando de um lado um homem natural, impuro, e de outro, um homem convocado e santificado pela graça de Deus; entre eles nada passa de um para o outro. E não é assim.

O Deus redentor é o mesmo Deus criador, e o homem a quem Ele concede uma graça é o mesmo que Ele criou.

Por certo constitui uma graça ouvir a mensagem, crer nela, confiar em Deus e estar em condições de receber a nova vida; mas aquele a quem isso acontece é o homem em sua "mesmitude" pessoal, com suas qualidades, virtudes, possibilidades e limitações. A nova vida se origina de um novo começo; mas o que nasce neste novo começo é o mesmo que existia antes. O homem antigo e o novo, o decaído e o redimido, são um e o mesmo ser. A nova vida tem certamente a propriedade de ter sido, nas palavras de Paulo, "moldada à imagem de Cristo"; mas quem foi assim moldado foi o próprio homem, que antes se encontrava em estado de confusão. Por Seu amor, Deus o deu a ele inteiramente renovado; mas entre os atos de concessão da segunda e da primeira dádiva existe aquela *mesmitude* ou identidade que é designada pela expressão *estar redimido.*

Como deve-se entender isso?

Existem várias formas de compreensão, cada uma com suas diferentes condições. Como o entendimento simples da razão. Quando se trata, por exemplo, de um problema de matemática ou de ciências exatas, examino o que foi dado, faço deduções e chego ao resultado: "Isto é assim." Aqui, a compreensão depende de apreender corretamente o assunto, pensar com clareza e não abandonar o trabalho, até que se tenham estabelecidas as devidas conexões.

Outro modo de compreensão procura a forma e a essência de um ser. O que é uma árvore? Essa coisa que entra na terra, lança-se para o alto abraçando o espaço, que não se move, mas vive, tão poderosa e cheia de mistério? Talvez eu passe muito tempo pensando no enigma; de repente, encontro a solução e compreendo *a árvore*. O que compreendo, veio-me mediante a essência da coisa e da luz lançada sobre o seu sentido, e permite que os fatos passíveis de determinação empírica e concepção racional recebam sua avaliação correta.

Uma terceira forma se refere a um homem, seja da história, seja do meu meio. Ele talvez nunca tenha despertado especialmente a minha consciência, ou eu não o tenha entendido. Um dia houve o encontro, e eu o vi.

Nasceu uma simpatia, um olhar dentro dos olhos e teve início o nosso conhecimento: "Então, és assim! Este és tu!" Mas com referência ao próprio eu, como, por quais vias chegamos à sua compreensão?

Poderíamos pensar que esta é a questão mais simples, pois temos sempre muito a ver com o nosso próprio Eu. Não precisamos ir à parte alguma, pois ele está sempre aqui. Não precisamos retirá-lo de algum esconderijo, já que está permanentemente sob nossa vista interior. Não precisamos sequer olhá-lo, porque nós o somos.

Talvez esteja aí o maior obstáculo. Acontece que as pessoas com as quais convivemos diariamente nos chamam menos a atenção do que alguém que encontramos de repente. A proximidade diária é um espesso véu que encobre o peculiar. E quando não se trata de um simples encontro, mas de meu encontro comigo mesmo? A distância é maior do que se eu tivesse de percorrer um longo caminho.

Num livro do filósofo Keyserling, ele narra como viajou pelo mundo afora para se conhecer melhor. Quem leu o livro não sabe ao certo se conseguiu seu intento, ou se o conseguiu melhor do que o pobre Kim, que se apoiava em uma parede dizendo para si mesmo: *"eu-Kim..."*, pensando assim que pudesse captar a si mesmo, o que finalmente se revelava apenas vã tentativa.

Existe também outra descrição, muito famosa, da forma como alguém procura captar o próximo, na realidade ele mesmo, pelo caminho mais longo: a *Divina Comédia* de Dante. Neste poema, a viagem se afasta da Terra, atravessa o Inferno e todas as suas profundezas, o Purgatório com todos os seus níveis e as esferas do Céu, até o último recôndito de Deus. No final, vê-se como o mistério de Cristo foi revelado ao peregrino e como, por seu intermédio, nossa natureza humana é acolhida na existência do Filho de Deus. O peregrino compreende então não só o que se encontra além do mundo terreno, mas a si mesmo. Depois de ficar sabendo quem é Cristo, soube também quem é Dante, e, com isso, tudo estava resolvido.

Isso é muito profundo, mas, se examinado de modo correto, verdadeiramente óbvio.

Só compreendo quem sou nAquele que está acima de mim. Melhor dizendo: nAquele que me deu a mim. O homem não pode compreender-se a partir de si mesmo. As perguntas em que aparecem as palavras *por quê*? e *eu*: "Por que eu sou como sou? Por que eu só posso ter o que tenho? Por que eu sou, ao invés de não ser?" não podem ser respondidas pelo homem. Só Deus pode dar essas respostas.

Aqui nos aproximamos do significado do Espírito Santo, de quem se diz que é o "Espírito da Verdade", o que "penetra toda a verdade" e, ainda, que é o Espírito do Amor. Ele pode ensinar-me a compreender aquela verdade que ninguém me pode ensinar, isto é, a minha própria.

Mas como? Não por meio da ciência, nem da filosofia, mas pela introspecção, porque Ele é a interioridade de Deus. No Espírito Santo, Deus é Pai. No Espírito Santo, Ele é Filho. Talvez se possa mesmo dizer: no Espírito Santo, Deus é Deus. Nele, Deus penetra em Si mesmo, é uno conSigo mesmo, feliz conSigo.

Esse Espírito também pode fazer com que eu penetre em mim. Pode fazer-me transpor essa distância, estreita como um fio de cabelo e, no entanto, tão profundamente separadora, que existe entre mim mesmo. Ele pode levar-me a alcançar a paz comigo mesmo. Pois em mim não há paz. Todas aquelas perguntas que contêm o *porquê*? e o *eu* são a expressão de uma profunda dissensão interior. Estou desunido de mim mesmo; por isso, não sei de mim. Os primeiros homens não se aceitaram a si mesmos na hora da prova: queriam ser o que nunca poderiam ser. Não queriam ser imagem, e sim modelo; não homens criados e dados por Deus, mas o próprio Deus.

O resultado, contudo, foi que eles perderam a unidade com a própria essência e, com isso, o conhecimento de si mesmos. Seu ser esqueceu o próprio nome. A partir daí, nome e ser saíram em busca um do outro e não se encontraram mais. No Espírito Santo, Cristo concedeu a redenção, a reconciliação e a paz com Deus, e em Deus com o próprio Eu. O Espírito Santo realiza a redenção no crente. Faz com que o crente se aceite integralmente na vontade de Deus, tornando-se evidente para si mesmo. As duas coisas estão sempre unidas e são, na realidade, a mesma coisa. Alguém só pode conhecer-se verdadeiramente se se aceita do mesmo modo – e aceitar-se verdadeiramente só é possível quando se sabe sobre si mesmo com pureza. Uma coisa pressupõe a outra.

Essa unidade é amor. Só há saber quando há amor. No homem não existe um saber frio. Nem um saber na violência. Só naquela generosidade e liberdade que se chama amor. Mas o amor começa em Deus: começa no fato de que Ele me ama e de que me torno capaz de amá-Lo e de ser-Lhe grato por essa primeira dádiva que me fez: eu mesmo.

Apêndice

Com o que foi dito na página 24, tocamos em uma falha profunda e fatal de nossa formação religiosa – tomando-se a expressão em seu sentido mais amplo de conteúdo e forma da experiência, do conhecimento, do coração, da língua. Essa falha consiste precisamente na carência de nossa imagem de Deus.

Quando perguntamos a alguém: Que vem à tua mente quando pensas em Deus? Qual o conteúdo da palavra "Deus" quando a usas em orações, ou em teu discurso mais sério? Geralmente a resposta que obtemos encerra algumas "propriedades" de Deus. Diz-se que Deus é onipotente, onisciente, onipresente e eterno; ou mesmo que Ele é santo; e, em plano mais elevado, que é amoroso e próximo. E contentar-se-á com isso. Na verdade o conteúdo da imagem de Deus deveria ser inesgotável, o que seria possível se a formação cristã agisse como deve agir. Há dois caminhos para a busca do significado da palavra Deus.

Um deles é a Sagrada Escritura. Porém, não seria o caso de buscar frases que revelem algo a respeito de Deus; diz-se, por exemplo, que Ele é justo e castiga os pecadores; que é bom e Se compadece das privações humanas, e assim por diante. Mais propriamente, trata-se de examinar, em face de Deus, os fatos concretos das passagens bíblicas. Por exemplo: como foi feita a escolha de Saul para rei, como se comportou, como foi julgado por Deus. Vê-se depois que Deus é Aquele que age assim, seguindo-se a pergunta: afinal, quem é e como é Ele?... Ou o terrível destino do profeta Elias, narrado no Livro dos Reis, até a visão do Horeb. E então: Deus é Aquele que assim Se manifesta. E vem a pergunta: afinal, quem é Ele? Como é esse Deus?

Com uma interpretação como esta, todos os fatos bíblicos lançariam luz sobre o que é Deus. O resultado conteria naturalmente os conceitos típicos da doutrina de Deus sem restringir-se a eles e passando-se ao mundo concreto. Pois Deus é realmente concreto e revela-Se em fatos concretos. "Revelação" não é uma doutrina secreta, mas um acontecimento vivo e uma manifestação por meio desse acontecimento. Em qualquer ponto da manifestação pode-se, portanto, dizer: Deus é Aquele que assim age ou tem a intenção que assim manifesta.

Desse modo haveria um enriquecimento da conceituação de Deus: uma diferenciação e um desdobramento de velhos conceitos que nos são familiares. Seria desenvolvido o "conhecimento interior de Deus", o conhecimento daquilo que Ele é, o único, o Irrepetível, não passível de se esgotar em uma definição. Sobre isso, não se poderia dizer muito com conceitos; talvez, algo se diga mediante uma imagem esclarecedora, ou de uma narrativa reveladora. Haveria, contudo, uma plenitude de vida; um conhecimento interior como o que alguém adquire no trato com um amigo, vendo o que ele faz, como se comporta, como é.

Um segundo caminho seria a vida pessoal de cada um. Podemos ver, com impressionante clareza, a grande deficiência de nossa formação religiosa se meditarmos sobre como estamos pouco preparados para compreender Deus a partir de nossa própria vida, isto é, compreender nossa vida sob a orientação de Deus. A existência cristã deveria significar que não estamos sustentados apenas por uma convicção teórica, mas pela consciência viva de que Ele guia nossa vida. Qualquer acontecimento conteria então uma auto-revelação de Deus e ao mesmo tempo um conhecimento de nós mesmos.

A partir daí poderíamos dizer: eu nasci deste ou daquele modo; minha vida prossegue desta ou daquela maneira. Portanto, Deus é como deve ser para que eu e esta minha existência sejamos possíveis. Daí a pergunta: quem e como é Ele então? Essa pergunta demanda, naturalmente, muita cautela, honestidade vigilante, sincera humildade e a intenção de um autêntico arrependimento. Deste modo, devo estar sempre consciente daquele fator que está constantemente provocando confusão, encobrindo a Divina Providência: o mal que há em mim. Entretanto, a pergunta é válida e necessária, pois encerra a compreensão de Deus a partir da autocompreensão do homem e vice-versa.

AS IDADES DA VIDA

Nota do editor alemão

O texto a seguir era originalmente o capítulo de um curso sobre problemas fundamentais da Ética. Foi revisto do ponto de vista lingüístico, mantendo-se seu caráter de preleção.

O leitor deve, portanto, ter sempre em mente que o texto foi escrito para ser lido e completado por uma exposição livre, requerendo, desta forma, certo acompanhamento e complementação. As constantes reticências indicam isso.

Sobre a quarta edição

Para a nova edição do nº 6 de nossa série, o autor pôs à nossa disposição duas novas contribuições que enriquecem e aprofundam o tema básico *As idades da vida*. A primeira consiste em pensamentos que desenvolveu em seu curso de Ética na Universidade de Munique por ocasião de seu setuagésimo aniversário. Manteve-se o caráter pessoal da palestra relacionado com essa ocasião especial. A segunda contribuição apresenta uma preleção que fez para uma série transmitida pela Rádio da Baviera sobre o tema *No crepúsculo da vida*.

Sobre a quinta edição

Também essa edição foi aumentada com o capítulo sobre a velhice extrema. Independentemente da própria situação de fato, as observações sobre crescente expectativa de vida também dizem respeito ao significado do tema.

AS IDADES DA VIDA

SEU SIGNIFICADO ÉTICO E PEDAGÓGICO

FASES E CONJUNTO

A EXISTÊNCIA HUMANA PODE ser considerada de muitos pontos de vista; e, no entanto, por sua própria natureza, é possível que nenhum deles a esgote. Um desses pontos de vista consiste na tensão que existe entre a idade da pessoa e as mudanças de suas condições de vida.

O homem caracteriza-se por uma contínua renovação. Suas condições psicossomáticas variam constantemente. Apresenta imagens diferentes caso esteja trabalhando ou descansando, em luta ou em estado de paz. Em sua relação com qualquer outra pessoa manifestam-se novos aspectos de seu ser. Diferentes condições de saúde, situação profissional ou social podem atingir-lhe até o mais íntimo da alma. Surgem diferenças às vezes tão grandes que a própria identidade parece questionada, principalmente quando ocorrem fenômenos anormais, como os de natureza esquizóide.

Entretanto, trata-se sempre do mesmo homem. A diversidade de estados não destrói a unidade: ao contrário, esta se afirma naquela. Mesmo em sua aparente destruição, ela pode ser pressentida mediante os desígnios do destino.

Queremos agora observar determinadas situações de especial importância para a compreensão do homem, isto é, as idades da vida.

Surge imediatamente a questão do modo como estabelecer as fronteiras. Cada fase da vida apresenta em si mesma algo de novo. Assim, por exemplo, uma fase do dia: a manhã, o meio-dia, a tarde, ou a unidade dia-noite em relação à precedente; uma estação do ano em relação à anterior, o período de um ano comparado ao antecedente. E assim por diante.

A cada fase da vida o homem é um outro homem, na acepção de que a etapa vital em que se encontra é única, pois jamais se repetirá. A desatenção com que nos referimos a uma determinada vida: "tantos e tantos dias, semanas, anos" é um modo de iludir a gravidade da unicidade, da impossibilidade de repetição. Justificamos essa desatenção mediante a uniformização mecânica de horas e dias abstratos. Na realidade, cada hora, cada dia, cada ano, representam fases vivas de nossa existência concreta, cada uma das quais só ocorre uma vez, constituindo um ponto insubstituível dentro de seu todo.

No fato de cada fase ser nova e única, não vivida anteriormente, indo-se para sempre, reside também a tensão da existência, o estímulo íntimo para vivê-la. Logo que esse estímulo desaparece, nasce um sentimento de monotonia, que pode crescer até o desespero. Porque, justamente disso, resultam tanto a gravidade do fato de que nada do que passou pode ser recuperado como, em conseqüência, o desalento por aquilo que foi perdido.

Desse modo, qualquer tentativa de enfatizar determinada fase tem algo de arbitrário; entretanto, existem eventos capazes de imprimir marcas tão profundas que se justifica destacá-los.

COMO DISPOMOS AQUI de um espaço muito limitado, distinguiremos fases muito amplas: a criança... o jovem... o adulto... o homem maduro... o idoso... o senil.

Evidentemente, é possível fazer subdivisões. Uma criança pequena, por exemplo, tem um modo de vida diverso do modo de uma criança crescida, que por sua vez é diferente daquele de um rapaz ou de uma moça. Entrar nesses detalhes nos levaria, contudo, a uma discussão interminável.

Entre as fases que mencionamos existem crises típicas: entre a criança e o jovem, a crise da puberdade...; entre o jovem e o adulto, a crise da experiência...; entre o adulto e o maduro, a crise da vivência...; entre o maduro e o idoso, a crise da separação...; entre o idoso e o senil, o desinteresse.

Essas fases são verdadeiras formas de vida que não podem ser deduzidas umas das outras. Não se pode compreender o procedimento do jovem a partir do procedimento da criança, nem tampouco a existência da criança como um mero preparo à do jovem. Cada fase tem seu caráter próprio, podendo este ser tão acentuado que mesmo para quem as vive fica difícil passar de uma para a outra. As dificuldades podem chegar a se cristalizar. Uma fase pode prolongar-se quando deveria haver terminado, cedendo espaço a uma nova; pensemos no homem infantil, adulto na idade, mas que ainda mantém sentimentos e personalidade de criança.

Pode acontecer também que a fase anterior tenha penetrado tanto na seguinte que esta não possa de maneira alguma se desenvolver em sua verdadeira natureza; pensemos, por exemplo, no triste destino de uma criança que não teve oportunidade de ser criança realmente, porque um ambiente tumultuado amadureceu-a precocemente ou por que teve necessidade de trabalhar em virtude de problemas econômicos quando, mais propriamente, deveria estar brincando.

As formas vitais constituem quadros de valores no sentido em que empregamos essa expressão neste curso.[1] Nelas assomam certos valores que se encontram sob determinadas dominantes, formando assim grupos característicos. Elas mostram as possibilidades e os deveres morais de cada fase da vida.

O homem que vive todas elas é sempre um e o mesmo. E não apenas como o mesmo indivíduo biológico, do ponto de vista animal, mas como pessoa que sabe sobre si mesma e responde por aquela determinada fase da vida. Isso se evidencia, por exemplo, nos fenômenos da memória e da previsão, sobre os quais já falamos detalhadamente em oportunidade anterior.

O homem pode lançar um olhar retrospectivo sobre as fases passadas e ter presente o que nelas aconteceu.

---

[1] A Ética, de que a investigação aqui mencionada constitui um capítulo, utiliza o conceito de quadro de valores para fundamentar a teoria dos deveres morais específicos e confrontá-los com a teoria dos princípios morais universais.

Entretanto – e nisso consiste a verdadeira memória – esse olhar possibilita não apenas uma simples reconstituição de fatos objetivos, mas também uma revivescência do próprio ser, de acontecimentos da própria vida, em que, com toda a diversidade, tudo se correlaciona novamente e contribui para a plena realização – ou para o fracasso – da existência. Análogo é o que ocorre com a previsão. Qualquer plano para o dia de amanhã, para a próxima semana, o semestre corrente, ou os anos futuros, é uma projeção em direção àquilo que ainda não é; ela será diferente do presente, pertencendo, no entanto, à unidade da mesma existência determinada individualmente.

Nos fenômenos da memória e da previsão também fica bem caracterizada a nitidez com que cada fase se distingue das outras. Pensemos um pouco nas dificuldades do homem adulto para reavaliar sua infância como ela realmente foi. Não consegue desprezá-la como coisa superada, nem ver nela um tempo de felicidade perdida. No campo da educação, constata-se até que ponto essa dificuldade existe. Observemos, por exemplo, quando o adulto impõe à criança atitudes e metas inteiramente despropositadas: torna-se evidente que esqueceu por completo o que ele próprio sentia quando criança.

Vemos como aí se apresenta a dialética das fases da vida e do conjunto vital. Cada fase é própria, e não pode ser deduzida da anterior nem da seguinte. Por outro lado, cada uma está inserida no todo e só alcança seu sentido pleno quando atua efetivamente sobre esse todo.

Procuremos agora destacar as diferentes fases. Peço-lhes, para isso, que mantenham algo em mente: os quadros descritos não nos permitirão fazer distinções nítidas, apenas traçar linhas gerais. Assim, para cada um deles, poderemos levantar objeções: "isso se passou comigo de modo diverso"; "sobre isso, minhas impressões foram diferentes daquelas de pessoas que conheço", e assim por diante.

Para que a caracterização fosse inteiramente correta, seria necessário esboçar a situação correspondente tal como se desenvolveu para uma determinada pessoa; nesse caso, porém, não estaríamos fazendo filosofia e sim história – na verdade, história individual, ou seja, biografia. Contudo, não é esse o nosso objetivo; buscamos as formas típicas que em lugar algum estão completamente corretas, mas que são corretas quando devidamente descritas – em qualquer caso e de qualquer modo.

A VIDA NO ÚTERO MATERNO, NASCIMENTO E INFÂNCIA

COMECEMOS COM A DESCRIÇÃO da forma de vida infantil. Como não somos mais crianças, tornemo-nos bem conscientes das possibilidades de erro que se apresentam aos adultos em seu relacionamento com a própria infância, que lhes é familiar e ao mesmo tempo estranha, lembrando-se de sua meninice mas, ao mesmo tempo, se esquecendo dela; há ainda o perigo de estilizar em algum sentido as recordações da infância.

Em nossa exposição, admitimos uma crise entre as diversas fases da vida; existe igualmente uma crise antes da infância. Isso pode parecer estranho à primeira vista, pois é comum considerar-se a infância como o começo. Entretanto, a psicologia profunda mostra – como, aliás, toda verdadeira mãe sabe por si mesma – que a vida no útero materno representa uma vida real, um desenvolvimento não só fisiológico como psicológico. Não nos deteremos sobre o modo como se realiza; de qualquer maneira, essa vida existe nas últimas fases do desenvolvimento embrionário. Caracterizada, porém, pela inconsciência.

Se essa noção nos oferece dificuldades à compreensão, porque estamos habituados a associar vida anímica com vida consciente, pensemos então no sono. Quando dormimos, não se interrompem, de modo algum, os acontecimentos anímicos nem os espirituais. Apenas ocorrem de outra forma, no domínio da inconsciência, e podem penetrar no mundo da consciência por diversos meios (sonhos, esclarecimentos de coisas pessoais, estímulo à produção espiritual, solução de problemas, etc.). Os cuidados para que esse crescimento corpóreo e anímico se realize corretamente no útero materno, para que se evitem comoções provocadas por uma conduta inadequada da mãe, por angústia, privações e assim por diante, constituem uma das principais preocupações do período da gravidez. A crise de que falamos, contudo, manifesta-se no próprio processo do nascimento.

Pelo nascimento, a criança já amadurecida deixa o útero materno e inicia sua existência individual. A psicologia mostra que esse processo fica profundamente gravado na alma da criança e que, se mal realizado, deixa marcas que permanecem durante toda a vida – não apenas de natureza física, mas também anímica.

No útero materno, encontra-se um ser em formação. A criança vive no âmbito vital da mãe. Pelo nascimento, ela se desgarra desse meio... O problema consiste em se saber se ela de fato se desgarrou completamente – e, por outro lado, se isso ocorreu mediante uma transição adequada. Freud já chamara a atenção para o fato de que parteiras experientes falam do susto da criança ao nascer, e para a circunstância de a mãe ser responsável pelo modo como esse susto é dominado. Por outro lado, o fato de não se realizar inteiramente a separação interior, anímica, de não se completar a entrada na própria existência, parece ter uma especial importância para o posterior surgimento da tristeza, da melancolia. Nessa melancolia parece conter-se o desejo de regressar à segurança do regaço materno.

Por sua própria natureza, os deveres éticos pertencem aos pais, principalmente à mãe. Eles incluem as necessidades fisiológicas, a atitude afetiva, a entrega interior em atenção e amor, o próprio comportamento por ocasião do nascimento. Caberia aqui perguntar se as técnicas que visam facilitar o parto trazem apenas vantagens. Ou elas produziriam também um efeito banalizante, ao diminuir o peso existencial dessa separação que representa, ao mesmo tempo, uma aceitação pessoal.

A FORMA DE VIDA DA CRIANÇA parece ser determinada pelos seguintes fatores: ela precisa se habituar à existência individual; precisa aprender a andar em vez de ser carregada; a comer sozinha em vez de ser alimentada, e assim sucessivamente. A proteção que desfruta a criança consiste em que os pais – sobretudo a mãe, mas também, direta ou indiretamente, o pai – se interpõem entre ela e o mundo exterior.

Para o recém-nascido, com seu fraco poder de autoafirmação, o mundo é hostil. Os pais aparam o impacto dessa hostilidade. Protegem a criança contra os perigos físicos e contra as feridas da alma, alimentando-a, cuidando dela, vestindo-a. Mas, para a criança, o mundo é também estranho. Sua eterna pergunta, sempre repetida, "que é isso?", é a pergunta da estranheza. A mãe traduz o estranho para o mundo do filho, que é feito de imagens e intuições; sua resposta, muitas vezes aparentemente disparatada, é a única correta, pois só ela pode ser compreendida... Os pais dão à criança a atmosfera de constante aceitação por meio de atenção e amor. Desse modo, ela adquire a consciência da segurança. Dizendo mais corretamente: ela não tem sequer o pensamento de não estar amparada, porque seus pais representam-lhe autoridade, proteção e fonte provedora.

O manto protetor estende-se também à própria psicologia da criança, tendo em vista que ela ainda não efetua as distinções com as quais os adultos ordenam seu mundo. Para ela, por exemplo, interior e exterior não se encontram basicamente separados. Conteúdo anímico e realidade externa interpenetram-se. As coisas imaginadas são simplesmente reais.

Uma fantasia equivale à realidade. Isso localiza, por exemplo, boa parte das raízes da aparente tendência da criança à mentira. Só gradativamente ela conseguirá distinguir entre a fantasia e a realidade... Mesmo em relação ao mundo exterior, não faz distinções que aos outros são familiares. Para ela, a boneca é tão viva como o animal, o qual, por sua vez, freqüentemente é tratado como se fosse um brinquedo sem iniciativa própria. É gradualmente que vai diferenciando o hostil do amigável; daí, sua credulidade. Também não se manifestou ainda a consciência de objetivos e de meios para atingi-los, embora isso não signifique que a criança não imponha com muita firmeza os seus desejos. Contudo, tal coisa não acontece mediante reflexão, mas de modo instintivo. Também a associação entre causa e efeito só é apreendida lentamente.

Esse contexto cria um invólucro no qual a criança pode crescer tranqüilamente. O rompimento desse invólucro é fatal para ela. Isso ocorre, por exemplo, quando pais insensatos forçam os filhos a crescerem prematuramente, estimulando-os a causar impressão, criar um tipo, impor suas vontades, induzindo-os a mentir, etc. De modo ainda mais elementar agem as manifestações externas das necessidades materiais, que a criança muito rapidamente transforma em pensamento utilitário ou em preocupação com a subsistência diária; como quando a exigüidade do espaço causa uma excessiva proximidade com os adultos, revelando seus impulsos, suas paixões, sua desonestidade e maldade, etc.

Os resultados são totalmente desfavoráveis quando as crianças são retiradas aos pais pelo Estado, que as influencia e prepara de maneira programada para seus objetivos.

Desse contexto nasce a impressão de que a criança é inocente. Isso é verdadeiro quando se refere à espontaneidade dos sentimentos e dos movimentos vitais, ao modo com que ela vai ao encontro das coisas e assim por diante. Não é verdadeiro no sentido moral.

A verdadeira mãe, que não é dominada pelo sentimentalismo, mas que se preocupa realmente com o destino pessoal da criança, sabe muito bem como começam cedo os instintos de egoísmo, de brutalidade, de crueldade. Lembremo-nos da inimizade entre irmãos, da astúcia e da arte de dissimulação às vezes assombrosas na criança.

Isso tudo, entretanto, ainda está inserido no curso da vida. A criança deve ter condições de desenvolver-se no interior do invólucro, não para ficar presa a ele, mas para conseguir entrar no âmbito de sua própria iniciativa.

Há obstáculos no caminho. Por exemplo, a tendência dos pais – sobretudo de mães muito "maternais" ou de pais autoritários – de considerar os filhos sempre muito pequenos, um desejo em que se conjugam um erotismo possessivo com ímpetos de domínio. Mas, por outro lado, o próprio comodismo da criança – ou seja, um amor ao ninho que rejeita qualquer esforço e o espaço aberto... Dessas causas, e de outras semelhantes, vem o perigo da infantilidade, estendendo o comportamento infantil a fases posteriores da vida, às vezes secretamente alimentado até a velhice.

Compete ao educador a tarefa de liberar a criança segundo sua índole e iniciativa; estimulá-la a assumir suas características e a adaptar-se a elas.

A CRISE DO AMADURECIMENTO

GRADUALMENTE VÃO SE TRANSFORMANDO as condições da vida infantil. Desaparece aos poucos a segurança oferecida pelos pais e pelo lar. Contatos cada vez mais freqüentes com coisas, pessoas e acontecimentos trazem o mundo exterior para dentro da criança, apresentando-o à consciência. O processo é ainda mais rápido e vivo se a criança, em razão de condições sociais e econômicas desfavoráveis, é exposta àquelas pressões somadas à falta de amor por parte dos pais.

Também o invólucro anímico vai perdendo consistência. Experiências sofridas às vezes muito precocemente tornam clara para a criança a diferença entre o amigável e o hostil. Ela aprende a distinguir padrões de comportamento úteis e nocivos; a reconhecer objetivos e atingi-los; a distinguir entre o bem e o mal, a preocupar-se com o direito, e assim por diante.

À medida que isso acontece, apresentam-se as fases da criança crescida, dos rapazes e das moças; revelam seu caráter peculiar e estabelecem seus deveres específicos. Não abordaremos aqui todos esses pontos.

A CRISE DECISIVA, que vem de dentro para fora, é causada pela pressão dos dois impulsos básicos, a auto-afirmação e a atração sexual.

Não quer dizer que o primeiro impulso não aja na criança. Pode-se observar como ela sabe se impor cedo e com que habilidade. Toda mãe conhece o ciúme que se manifesta já na criancinha à chegada de um novo irmãozinho, e aquele que era até então o único, ou o caçula, deixa de ser o centro das atenções e do carinho paterno.

Do mesmo modo, pais e educadores conhecem tanto o despotismo com que a criança subjuga o irmãozinho, como o desejo de se sobressair que apresenta diante de visitas. Essas atitudes assumem uma forma ingênua e instintiva. A crise da auto-afirmação propriamente dita começa com o crescimento da personalidade, com a consciência de ser alguém diferente dos outros.

Daí resulta a vulnerabilidade do orgulho dos jovens: o exagerado egocentrismo, que mostra até que ponto ainda é inseguro o eu-mesmo; a eterna rebelião do adolescente contra a autoridade; a desconfiança em relação ao que os outros dizem, simplesmente porque são outros a dizê-lo; e, por outro lado, a facilidade de sedução pelos pensamentos mais loucos, desde que afluam para as tendências predominantes.

Com tudo isso, o jovem tem em vista distinguir-se dos outros como ele mesmo, existir como pessoa livre e responsável, elaborar um julgamento próprio sobre o mundo e sobre sua própria posição e, tornando-se ele mesmo, percorrer o caminho em direção aos outros e poder dizer "tu" na qualidade de "eu".

A outra causa da crise é o despertar do desejo sexual. Também nesse caso sabem pais e educadores que anteriormente ele não estava ausente, e que também aí o que se diz sobre a inocência da criança é uma inverdade sentimental. Na realidade, os impulsos sexuais já se manifestam na primeira infância e estão sempre atuantes. Até então, porém, sua natureza é difusa; ainda não identificam o caráter de oposição na relação com as pessoas do outro sexo, que por si mesma pressupõe oposição à individualidade e à própria personalidade. Esse impulso manifesta-se, evidentemente, com os requisitos fisiológicos da capacidade de procriação e de engravidamento.

É o período em que os rapazes e as moças são menos acessíveis às instruções autoritárias e às influências éticas e religiosas. O invólucro em que se realizou anteriormente o crescimento, e que ao mesmo tempo une a criança ao âmbito vital dos pais e do lar, como que se encolhe drasticamente, criando-se um sentimento de oposição ao meio circundante; no centro desse conjunto está o instinto sexual, ainda não totalmente compreendido ou ainda não inserido no contexto da existência pessoal. Forma-se um sentimento de íntima reserva, que facilmente faz perder qualquer relação com o ambiente e que traz consigo fantasia e dissimulação.

Portanto, a missão da educação consiste finalmente em fazer com que a realidade da vida recentemente despertada seja vista e reconhecida sem que se lhe atribua um caráter de ilegitimidade, sendo ao mesmo tempo inserida na ordem; que as pessoas a absorvam com responsabilidade, colocando-a sob a égide da honra.

Dessa reformulação e dessas transformações deve emergir o jovem adulto, livre para assumir o ser pessoal e a plena realização essencial.

Existem alguns riscos prováveis. Com referência à personalidade, há o perigo de que ele não dê o passo em direção à independência e continue dependente; de que persista na rebelião, não aprendendo o que é ordem livremente consentida. Com referência à vida sexual: de que não encontre coragem para o passo além, tornando-se incapaz de ser pai (ou mãe) no pleno sentido da palavra; ou então, de que se entregue ao sexo como embrutecimento e não consiga ter um verdadeiro amor dentro da honra e da responsabilidade.

Aí se impõem deveres não só para o jovem em fase de amadurecimento, como para os pais e educadores.

O JOVEM

ATRAVESSADA ESSA CRISE, configura-se a forma existencial do jovem. É difícil descrevê-la, porque nela se encontram muitas coisas em processo evolutivo; e porque há muitas contradições em jogo. Acrescem-se ainda as transformações produzidas pelos acontecimentos de nosso tempo, responsáveis por expressivas rupturas de toda a estrutura existencial. Lembremo-nos novamente do que se disse no início deste capítulo sobre a legitimidade desses quadros de valores.

O jovem que atravessou a crise dos anos de desenvolvimento entrou em contato com seu próprio eu e procura apoderar-se de si mesmo. Posicionando-se, enfrenta o mundo a partir daí e inicia seu trabalho... Tomando consciência da própria força vital, sente que possui capacidade de desenvolvimento e experimentação. Apresentam-se os problemas da afirmação e ordenação dessas capacidades, que é preciso poupar e orientar para as realizações autênticas.

O caráter básico dessa nova forma de vida é, se estou certo, determinado por dois fatores. Um, positivo: a força ascensional da personalidade em fase de definição de contornos e de crescente vitalidade; o segundo, negativo: a falta de experiência da realidade.

A sensação conseqüente é de que o mundo é infindavelmente aberto e a força, ilimitada. A certeza absoluta de que a vida dará tudo eternamente e de que grandes coisas serão realizadas. É uma atitude levada ao infinito – o infinito do ponto inicial ainda não perscrutado – e caracterizada por sua incondicionalidade. Exerce-se com a pureza que consiste na renúncia a qualquer forma de acomodação, e com a convicção de que as idéias verdadeiras, os posicionamentos corretos, reúnem, por si só, condições para modificar e conformar a realidade. Advém daí a tendência de falha no julgamento e no trato. Tudo se reveste de um ardor tanto maior quanto mais inseguro se sente o ser pessoal.

Como já foi dito, falta, ao mesmo tempo – e não poderia ser diferente –, a experiência da realidade. Há uma ausência de conhecimento: das verdadeiras condições, e da escala do que podemos, do que os outros podem, do que o homem em geral pode. Falta o conhecimento da imensa tenacidade do ser e de sua resistência à vontade. Assim, é muito grande o perigo de frustração por confundir-se a incondicionalidade das intenções com a capacidade de realização, a grandeza de idéias com as possibilidades práticas. Falta a paciência, tão desinteressante, mas tão essencial para o sucesso. É o período do idealismo natural, que sobreestima o poder das idéias e das intenções. Porém permanece a questão de avaliar se de todo foi conseguido um processo decisivo para a vida, isto é, a completa concretização do que se reconhece como justo, ou se as possibilidades de realização limitaram-se à superfície.

É também o período típico da manifestação de aptidões precoces: há freqüentes e surpreendentes revelações de inteligência, capacidade inventiva, dotes artísticos, liderança, sem que se possa assegurar-se sua durabilidade. Pertencem à vida jovem, cuja fantasia e coragem sobrepuja a realidade; uma boa parte do que parece talento é, na verdade, a própria afirmação dessa juventude; e a experiência virá mostrar mais tarde que ele não se desenvolveu.

Talvez vocês queiram objetar que o que foi dito sobre o idealismo desta idade da vida poderia aplicar-se à juventude de outros tempos, que os jovens de hoje não têm ilusões; que seu aprendizado deu-se no nazismo, na guerra e no após-guerra; que são realistas, céticos mesmo, se não cínicos. Em grande parte isso é verdade, desde que conservemos, do que se chama de idealismo, a imagem que dele nos deu o passado, e que está ligada a tendências delirantes e de embelezamento. Aqui o termo recebe outro sentido. Refere-se, antes, ao modo como a realidade é encarada. Um aparente realismo pode ser, na verdade, totalmente irreal, enquanto um aparente ceticismo pode ser uma forma de completo idealismo.

Experiência não significa saber que nem sempre o bem vence, e quanto mal existe no mundo; significa, sim, a avaliação correta, a partir de uma escala humana e na devida relação com o conjunto dos acontecimentos históricos e sociais vistos na totalidade; considerando-se também esses fatores tão influentes que são a mediocridade e o cotidiano. O jovem ainda não se defrontou com essa vivência – a menos que não se trate realmente de um jovem, mas alguém precocemente envelhecido. Infelizmente essa hipótese pode de fato ocorrer, e hoje, possivelmente, com maior freqüência do que antigamente. Se for esse o caso, porém, não cabe à pessoa razão para converter sua experiência em norma ou literatura; o que lhe ocorreu foi uma infelicidade com a qual deve dispor-se a conviver, sem tornar desagradável a vida do próximo.

Esse também é o período em que a poderosa sensação de incondicionalidade faz nascer a coragem de tomar resoluções que são decisivas para toda a vida. Como a escolha da profissão. Muitas vezes, este é um verdadeiro salto no escuro, dando-se um passo que determinará todo o futuro, numa fase em que não existe ainda uma visão sensata da realidade – das próprias aptidões e das condições circunstanciais; torna-se especialmente difícil quando situações externas contrariam a opção desejada ou quando uma multiplicidade de dons dificulta a decisão íntima. Por outro lado, é justamente a ausência de um conhecimento realístico do mundo que possibilita, com freqüência, essa escolha. É uma façanha que pode atingir as raias do heroísmo quando a decisão tende para o inusitado. Nessa ocasião o jovem pode traçar caminhos pelos quais mais tarde não se decidiria jamais.

É por isso que esse momento se caracteriza pelo grande perigo de sedução por parte daqueles que atrelam calculadamente aos seus objetivos a generosidade da vida que desponta. Basta lançar um olhar para a política e se verá como esse aproveitamento distorcido da generosidade da juventude se transforma em ação rotineira.

Essas decisões também recaem sobre outra pessoa quando intervém o amor.

Em sua primeira fase, o amor – não o amor puramente físico ou sentimental, mas o verdadeiro, aquele em que a pessoa realmente se encontra – traz como problema a liberação dos dois participantes dos laços familiares anteriores e das tradições, levando-os a criar um novo ponto central de vida por si próprios. É fácil ver o risco que isso representa; e que, quanto mais tarde, torna-se mais difícil. Aí se contêm todas as possibilidades de realização – bem como de frustração e fracasso.

Devemos agora nos ocupar do problema ético desta fase da vida. Entretanto, para fazê-lo corretamente, precisamos retroceder.

Vocês provavelmente notaram que ao descrever a fase infantil da vida e a crise da puberdade não falamos dos problemas éticos pertinentes. Porque preferimos tratá-los em seqüência, com os problemas da fase seguinte.

Em que consiste, então, o dever moral da infância? Para começar, a resposta é que consiste no mesmo que o de qualquer idade da vida, ou seja, em fazer o bem. Mas, como vimos em considerações anteriores, o bem tem conteúdo infinito e forma simples, não podendo ser praticado sem algum preparo: em cada situação, requer largueza de alma e discernimento. O bem se manifesta então como uma ênfase, na medida exata em que ele é exigido nestas condições aqui e agora; e isso pode ser reconhecido, receber um nome e realizar-se.

Em que consiste, portanto, o bem que se exige da infância? Configura diversos valores, que se apresentam no curso da existência infantil como possíveis e realmente exigidos: ordem, asseio, franqueza, amabilidade, diligência, obediência, e assim por diante. Eles chegam a formar um quadro, uma figura de valores, uma vez que são determinados por um valor médio, por uma dominante. Essa dominante é o crescimento. É um crescimento tão elementar e característico, que freqüentemente podemos vê-lo com os olhos, por assim dizer. As mudanças corporais, anímicas e espirituais das crianças são muito rápidas. Toma muitas vezes a forma de um processo que o adulto nota após algum tempo de ausência; outras vezes, percebe-se subitamente – por exemplo, por ocasião de uma doença ou de uma mudança de casa, ou quando se dá a influência de uma pessoa recentemente incorporada à família.

Agora, recordemos o que dissemos nas palestras anteriores sobre as relações entre cada fase da vida e a vida em sua totalidade. A criança tem seu lugar no mundo não apenas para crescer, mas, e acima de tudo, para ser uma criança e, assim, uma pessoa. Porque pessoa é o ser vivente, em qualquer fase da vida, desde que ela seja vivida autêntica e integralmente, de acordo com seu sentido interior. Desse modo, a criança não é menos pessoa do que o adulto. O crescimento é um caminho, uma evolução; devo, contudo, chamar a atenção para as palavras de Goethe, segundo as quais não se caminha só para chegar, mas para fruir o trajeto.

A forma de vida correspondente ao crescimento dentro de um invólucro nunca mais volta. No conjunto da vida, contudo, ela é necessária. Durante essa fase forma-se uma camada do inconsciente que mais tarde deve tudo sustentar. Nela, as raízes do ser chegam a uma profundidade a partir da qual se obtém a seiva que alimenta toda a existência. Se essa etapa não for integralmente percorrida, sua contribuição fará falta no futuro. A pessoa nunca mais verá o mundo como via quando criança; nunca mais sentirá a unidade da existência como sente agora. O mundo realístico que se lhe configura mais tarde, com todas as distinções que o dividem, só se torna claro com apoio nessa unidade e só a partir daí sofre aquela correção duradoura, aquele aprofundamento, aquela espiritualização que a torna capaz para a vida.

Usando palavras um pouco paradoxais: a criança que não teve oportunidade de ouvir e vivenciar contos de fadas não estará, no futuro, em completa condição de conferir à ciência seu pleno valor – que é considerável, mas cujos limites existem – e, por outro lado, em termos mais amplos, não poderia existir a ciência moderna se a vivência mítica da Antiguidade e a visão simbolista da Idade Média não tivessem tido sua feição aventurosa.

É incorreto, do ponto de vista geral e do individual, considerar determinada fase da vida como meta da fase anterior – sem falar da arrogância dessa forma de auto-exaltação. Pode-se bem dizer que a criança que só é vista e dirigida para atingir a idade adulta, nunca será um verdadeiro adulto. A verdadeira passagem pela fase infantil não constitui apenas uma etapa cronologicamente anterior à fase adulta; pois persistirá como um elemento permanente em toda a existência futura.[2]

Mas como a criança é, em essência, um ser em crescimento, o valor moral atribuído à sua idade, que consiste em ter um crescimento bem orientado, passa a ser responsabilidade inalienável daqueles que já cresceram: pai, mãe, irmãos mais velhos, professores e educadores.

---

[2] Cf. a poesia de Rilke: Lass Dir, *dass Kindheit war; Werke* (Obras), 1957, II, pág. 150 e seguintes.

A existência da criança oscila entre dois pólos: ela própria e seu educador – termo com que designamos todos aqueles que são responsáveis por ela. A importância do educador é tanto maior quanto menor é a criança. Desse modo, o problema ético da infância é inicialmente um problema do educador; porém, o crescimento faz com que se torne, cada vez mais, um problema da própria criança.

Que deve fazer então o educador?

O PATRIARCA DA MODERNA PEDAGOGIA, Herman Nohl, disse uma vez que o educador é o advogado dos verdadeiros interesses vitais da criança, não apenas se considerando as conveniências dos adultos, mas também os próprios instintos infantis. Ele deve, portanto, estar atento para que a criança possa ser verdadeiramente criança.

O que se pretende não é que ela passe o tempo todo brincando e não deva aprender a ser disciplinada, mas que esses dois elementos fundamentais do crescimento sejam mantidos nas devidas proporções. O educador deve cuidar para que a criança aprenda a inserir-se no ambiente, a dar forma a suas inclinações e seus instintos, observando os deveres em relação à família e à escola, e assim por diante – mas que possa também ter uma vivência individual e oportunidade para brincar.

A palavra "brincar", que se pronuncia tão rapidamente[3], é muito rica em conteúdo. De certo modo, signi-

[3] Em alemão: *Spiel* (o ato de brincar, de jogar, o próprio jogo, etc.), uma palavra que de fato se diz rapidamente. [N.T.]

fica toda atividade espontânea. Nomeia uma atividade que é determinada não por um objetivo exterior, mas por uma inclinação e um impulso situados no interior do próprio acontecimento. O ato de brincar é uma forma de ação que se desenvolve por si mesma, em que a vida se desdobra livremente; um símbolo que se apodera da existência com sua força sugestiva; um cerimonial que torna realidade o mundo indiviso da criança.

Sobre isso, muitas coisas importantes poderiam ser ditas; é preciso atentar para quanto se equivocam os adultos – que não podem mais brincar eles próprios – movidos por falsos conceitos de objetividade e de bom senso, por aspectos da formação e preparo profissional, pela tecnicidade dos brinquedos, etc.[4] O educador deve criar espaço para a espontaneidade infantil. Um belo exemplo é o trabalho realizado pela pedagoga Maria Montessori ao longo de sua vida. Quem teve oportunidade de visitar uma escola por ela orientada jamais esquecerá a sua contribuição no desenvolvimento do espírito criativo das crianças.

O adulto não deve educar com disciplina férrea, mas ajudar a criança a encontrar sua própria iniciativa de vida e adquirir coragem por si mesma. Deve cuidar para que o manto que a envolve se afrouxe lentamente; para que se mantenha bem presente na criança a consciência de seu

---

[4] Sobre esse assunto assinalamos como são prejudiciais as novas tendências relacionadas com a arte infantil, em que se procura fazer penetrar na consciência, mediante exposições, publicações, concursos, aquilo que deveria ser o resultado não controlado e não dirigido do instinto lúdico infantil, freqüentemente convertido em um novo campo de especialização dos adultos.

apoio, mas que, por outro lado, ela seja preparada para a separação.

Os valores éticos centrais consistem naquilo que nomeamos "caráter": o amor à verdade, a honra, a lealdade, a coragem, a firmeza – os verdadeiros valores pessoais, que muitas vezes são examinados no processo educativo apenas de passagem.

São os valores que mais se fazem necessários ao jovem que se aproxima de si mesmo; aqueles de cuja falta mais ressente, embora preferisse, por vezes, escapar ao rigor de suas exigências. São os valores centrais da personalidade, por meio de cuja formação se constrói autenticamente o homem moral – exigindo, por isso mesmo, o maior esforço. Acrescentemos, contudo, ser também aqueles valores que o educador medíocre, que prefere o caminho da menor resistência, muitas vezes considera incômodos. Desse modo, inclina-se facilmente a desestimulá-los, exigindo em lugar deles bom comportamento, decoro e submissão.

O educador deve se compenetrar de que a maior influência vem não do que ele diz, mas do que ele é e do que faz. Isso cria a atmosfera; e a criança, que muito pouco ou nada reflete, absorve, sobretudo, por meio da atmosfera. Pode-se dizer que a primeira fonte de influência é a própria pessoa do educador; a segunda, o que faz; a terceira, e somente a terceira, o que diz.

O ethos dessa tarefa é, assim, extraordinariamente exigente. À medida que é satisfeito, a crise da puberdade se atenua.

As dificuldades dessa crise consistem na insegurança interior, no saber-mas-não-saber, no desejo de ser si-mesmo, no ainda-não-poder. Disso nasce a rebelião que abordamos, reveladora de como a iniciativa pessoal, ao mesmo tempo que anseia libertar-se, sente-se desamparada. Da mesma forma, gera-se a reserva íntima de que já falamos. Quando se manifesta o sentimento de querer, ou dever fazer alguma coisa pela própria vitalidade, este é acompanhado do receio de, com isso, contrariar a vontade dos pais ou dos educadores. Quanto mais a criança é conduzida, desde o princípio, a uma tranqüila autonomia, mais confiante entra na crise e mais facilmente a supera.

EM FACE DESSAS QUESTÕES, são mais compreensíveis os problemas do jovem, isto é, daquele que se tornou ou está para se tornar adulto, após ter atravessado a crise da puberdade.

Mais uma vez se apresenta um quadro de valores que contém diferentes fatores individuais: amor à verdade, coragem, pureza, lealdade, honra, ordem, cautela, trabalho, e assim por diante. Contém também um ponto central, uma dominante, que consiste no fato de que o jovem se assume a si mesmo – dando-se a essa palavra o sentido de assunção de dever. Ele aceita a si mesmo. Responde por si. Assume a responsabilidade por si próprio – tanto em relação à ordem vigente como à sua própria pessoa.

Ambas são importantes; comecemos com a segunda, porque parece hoje especialmente ameaçada. A frente ética não se coloca mais, como no período entre as duas Grandes Guerras, contra o individualismo, isto é, contra a imposição desordenada do direito e da índole de cada um, mas contra o coletivismo, a absorção do indivíduo pela coletividade. Em toda parte existem organizações que se apoderam do indivíduo. Generaliza-se um pensamento de oposição a ele, que concebe a História como um processo necessário no qual o indivíduo não passa de um elemento. Em contraposição, deve-se observar que o aspecto humano das coletividades consiste em serem elas formadas por pessoas autônomas, cujo respeito e espaço são assegurados; que o aspecto humano da História consiste no fato de que ela recomeça com cada indivíduo.

Assim, o *ethos* dessa idade da vida consiste na coragem de cada um em ser ele próprio; de assumir sua própria pessoa e suas responsabilidades; de elaborar juízos próprios e fazer o próprio trabalho; de assumir sua própria vitalidade, com as forças que o impelem para o futuro... O maior perigo para o homem pronto para a formação é o *Man*[5], o ser impessoal, o esquema anônimo imposto pelos partidos, pela imprensa, pelo rádio, pelo cinema (para pensar, julgar e agir); a coerção das disposições e das normas, das autoridades e organizações, do poder público, com suas ingerências na vida privada. Quando é isso que prevalece, o indivíduo torna-se impotente. O jovem deve; portanto, aprender a pensar e julgar por si mesmo. É necessário que adquira uma desconfiança saudável em relação às receitas prontas, teóricas ou práticas. Que se afirme em sua liberdade.

---

[5] *Man*: pronome impessoal da língua alemã, sem correspondente em português, e semelhante ao *on* francês. [N.T.]

Evidentemente, não queremos privilegiar a arbitrariedade e a indisciplina. E agiremos bem considerando que, quanto mais forte o poder de sugestão dos meios anônimos formadores de opinião, mais brutal será a intervenção do Estado na individualidade e na vida das pessoas, e mais frágil será a verdadeira ordem, pois ela resulta da liberdade e da responsabilidade. Coerção e sugestionamento são o oposto da ordem: apenas acorrentam exteriormente. Sob a ação dessas forças, o homem se torna, na realidade, cada vez mais caótico, mais incapaz de assumir uma forma autêntica.

A violência e o sugestionamento provocam, como reação, a anarquia. Tem-se falado da revolução permanente como meio de progresso. Isso tem sido pensado muito superficialmente. O que é certo é que a revolução permanente representa o reverso dialético do crescente autoritarismo. A organização, que cresce em toda parte tanto em formas como em capacidade de sujeição, não é mais que uma aparência e encobre um caos também crescente. Cada vez mais, a anarquia se abriga nas pessoas de nossa época. Percebê-lo e distinguir a anarquia da verdadeira auto-afirmação é um importante dever da fase da vida de que falamos.

Já foi dito que a essa etapa falta algo essencial que, quando presente, torna possível pensar, julgar, planejar e agir com competência e responsabilidade: a experiência. A estrutura desta fase está associada à pureza de intenções, à paixão das idéias, à incondicionalidade da firmeza – mas não, ainda, ao conhecimento de como realmente são e caminham as coisas da vida. Pelo simples fato de não ter havido ainda oportunidade e tempo – nem, o que é ainda mais importante, capacidade interior para ver e para assimilar o que foi visto.

Desse modo, o jovem é levado a utilizar-se da experiência alheia. A educação, que teve até a maturidade um papel tão importante, retorna sob nova forma, como a voz da experiência, que pode dizer: as coisas são assim; os acontecimentos desenrolam-se desta ou daquela maneira; considere o seguinte... etc., etc. Sem substituir, claro, a experiência própria: o velho dito popular afirma que cada um deve errar sozinho. Mas uma verdadeira exigência ética obriga a que seja utilizada a experiência dos outros.

Defrontamo-nos, novamente, com uma situação dialética para a qual concorrem a coragem de ser si-mesmo e o desafio da novidade orientados pelo dado[6] e pelo aproveitamento da experiência alheia. Não se interprete esta conjunção como mentalidade estreita, ou morna mediocridade, mas como algo muito vivo e de equilíbrio dinâmico.

É o que a Ética de Aristóteles denomina *mesotes,* a observância do meio-termo. O povo grego era tudo, menos medíocre; foi, talvez, o mais apaixonado e o mais exposto a perigos. E seu instinto o levou, assim, com mais premência, a alcançar o equilíbrio e manter-se entre os abismos: falamos da *sophrosyne.* Conseguiu-o em boa parte, o que gerou grandes realizações, *se* bem que não definitivas. Porque, mesmo com toda admiração que tenhamos pelo esplendor dos gregos, não devemos esquecer que a maior tarefa que lhes foi proposta, a formação

---

6 Ver nota nº 1 do livro *A aceitação de si mesmo.* [N.T.]

de um Estado grego unificado, não foi realizada. Em termos gerais, não chegaram a um consenso, e, por isso, sucumbiram aos macedônios e aos romanos.

Podemos constatar a magnitude do problema que se examina: entrar na própria vida, em nosso próprio destino e trabalho, com plena confiança e utilizando ao mesmo tempo a experiência alheia, até que, gradualmente, nossa própria experiência seja suficientemente forte.

Permitam-me, mais uma vez, ressaltar a importância dessa interação, justamente nestes tempos em que, de um lado, as tendências totalitárias procuram extinguir a iniciativa própria do homem e, de outro, reina uma feroz negação, uma rebelião contra toda tradição, resultante da perplexidade. O totalitarismo e a anarquia são, na verdade, as duas faces de um mesmo perigo.

A CRISE DA EXPERIÊNCIA

AO FALAR SOBRE A IMAGEM DO JOVEM, agrupamos na mesma seqüência seu problema ético e o da criança.

Dissemos no início do capítulo que existem crises entre idades da vida. Idades que, elas mesmas, representam formas básicas da existência humana; são atitudes características assumidas pelas pessoas desde o nascimento até a morte. Constituem formas de percepção, de compreensão e de comportamentos em face do mundo. Sua força é tal que o homem, no curso da vida, não passa simplesmente de uma para outra: cada passagem significa uma ruptura, que pode ser difícil e até trazer perigo. Pode requerer um tempo maior ou menor; realizar-se com violência ou com uma relativa harmonia; alcançar êxito ou fracassar – fracasso se a fase já vivida persistir, tornando mais curta a fase seguinte, ou ocorrendo a repressão de cada uma das fases em curso em favor da próxima.

Uma transição ou crise dessa espécie também acontece entre a fase da vida jovem e a seguinte, que denominamos fase adulta. Relaciona-se com algo já examinado várias vezes anteriormente: a experiência.

A imagem do jovem contém o *elã* da vida em ascensão; ele tem consciência cada vez maior da própria personalidade, de suas forças e vitalidade. A conseqüência psicológica desse *elã* é a sensação de infinitas possibilidades: do que o futuro homem será e fará, e do que a vida pode lhe oferecer. O que inclui a incondicionalidade das idéias e das intenções, o caráter absoluto das atitudes, a intransigência do comportamento – associados à convicção de que a partir de então poderia ser apreendida e dominada a realidade da vida.

Na verdade, isso significa saltar por cima da realidade. Não se vê com clareza a realidade do próprio ser, do que é e do que não é possível, dos fatores positivos e negativos, nem a realidade do ambiente, das condições sociais e econômicas, das intenções, exigências e resistências das outras pessoas, etc.

A postura é inteiramente idealística, tanto no sentido positivo como no negativo.

MAS AGORA A REALIDADE vai aos poucos penetrando na consciência – principalmente porque o comportamento idealístico conduz a fracassos. O jovem começa a perceber que nem sempre consegue concretizar muito do que se julgava capaz, mas que, por outro lado, é possível que possua alguma real capacidade oculta; menos interessante e revolucionária, talvez, porém autêntica.

Dá-se conta do fato, elementar e só então notado, de que o próximo também tem iniciativa, idéias, intenções, vontade de trabalhar; também se aventura e não está disposto a se enquadrar em iniciativas alheias.

Sente como as coisas são complicadas, como se avança pouco com normas simples, sente que tudo fica mais ou menos na indefinição, no "por um lado... por outro lado...". Percebe como são irreais muitas vezes os princípios absolutos; que é, portanto, cada vez mais necessário fazer coisas e tomar decisões tão difíceis para um jovem, como assumir compromissos em que a possibilidade de realização é conseguida ao preço da renúncia às exigências incondicionais.

Percebe que a realidade da vida social, política, econômica, que gostaria de modificar com intransigência de idéias e pureza de intenções, tem uma tenacidade muito maior do que supunha. O certo é visto e dito, mas nem por isso aceito. A estupidez, o egoísmo, a indiferença possuem uma força incalculável. Mudanças das condições existentes, eventualmente conseguidas, revertem-se facilmente. Ele próprio passa pela mesma experiência. O fato de haver estabelecido algo como correto não significa, de modo algum, que aja segundo essa convicção. Falha sempre. Seu balanço ético, que ele próprio instituiu, está sempre no negativo. É muito difícil emendar-se de um erro, vencer uma fraqueza, adquirir uma verdadeira *areté* (virtude).

Dá-se conta de como muitas vezes a existência é miserável. Acompanhado de um sentimento de desânimo, vem-lhe à consciência o significado das palavras "mediocridade" e "cotidiano"; percebe como são raros os verdadeiros talentos e as realizações significativas, bem como os grandes acontecimentos, tanto pelo aspecto do bem quanto do mal. Descobre o que significa o fatual; aquilo que não deveria ser mas é; aquilo que, não se baseando em princípios, também não pode ser enfrentado e subjugado com princípios, mas que existe, que devemos levar em conta e que só um lento trabalho pode dominar... Descobre aquela força que é o pressuposto de toda a realização: a paciência.

Isso produz um abalo naquilo que até então era tido como firme e seguro e apoiado em uma convicção incondicional. Evidentemente faltava alguma coisa, que era a experiência; em razão dessa falta, de alguma forma tudo deu errado. É necessário mudar. Apaga-se uma imagem da vida que foi correta a seu tempo, e é preciso criar uma nova.

Isso pode frustrar sob vários aspectos. É possível que o jovem lançado à vida não se desprenda de sua postura anterior. Deixa-se então vencer pelo absolutismo; torna-se doutrinário, seguidor fanático de princípios, nada reconhecendo e tudo criticando. Ou se torna um eterno revolucionário, nunca chegando a coisa alguma, por não conseguir entrar em contato com o dado[7]; é incapaz de avaliar o que seja um resultado realmente bom e não apenas fantasioso, e procura compensar sua falta de criatividade com contínuas mutações. Converte-se em um entusiasta constante, cujos sentimentos não têm nenhuma ligação com a realidade e vão, portanto, desaguar em uma esfera irreal[8].

Mas a frustração também pode assumir tal aspecto que o jovem, com toda sua intransigência de idéias e convicções, acabe capitulando diante da realidade – porém, da má realidade. Cedendo ao que "todos" dizem, ao que a mediania, o comum dos homens, deseja. Sucumbindo à falsa experiência, ao êxito, só procurando vantagens e prazer... Aparece então aquele homem que diz aos diligentes e esperançosos que é necessário ser

---

[7] O dado. Ver nota nº 6.

[8] O grande exemplo literário é Fausto, que nunca sai da adolescência, cuja forma objetiva é a magia, e que por esse motivo não foi levado a sério em sua atividade de engenheiro.

"realista", aceitar a vida como ela é, saber abrir caminho, galgar posições, usufruir o que for desfrutável e assim por diante.

Em nenhum desses dois casos se conseguiu atingir a meta, que consistiria em fazer e aceitar a experiência sem que se perca a convicção da validade das grandes idéias e da obrigação para com o justo e o nobre. Conservando, ou melhor, criando a convicção de que, em última instância, o que se deve ter em mira não é ganhar dinheiro e poder, porém realizar algo valioso e fazer de si mesmo um homem justo.

O ADULTO

Se isso for conseguido, forma-se uma nova figura essencial, que denominaremos a fase adulta – no sentido pessoal, não biológico ou jurídico. Caracteriza-se pelo fato de que o homem já assumiu uma posição, baseado em sua pessoa, nas próprias opiniões e na realidade, tendo descoberto o que significa poder estar de pé e estando decidido a fazê-lo.

Desenvolve-se então o que se chama de caráter, isto é, o fortalecimento interior. Não se traduz por inflexibilidade nem endurecimento de pontos de vista e de atitudes; consiste, antes, em uma fusão do pensamento vivo, dos sentimentos e da vontade com o âmago do espírito.

Certos valores adquirem agora um significado especial: a autenticidade naquilo que se empreendeu; fidelidade à palavra dada; lealdade àqueles que confiaram em nós; a honra como o sentimento inabalável do justo e do injusto, do nobre e do vulgar; a capacidade de distinguir o autêntico do inautêntico, em palavras, conduta, desempenho, em tudo...

É a época da vida em que se descobre o que significa constância. Esta representa aquilo que, no transcorrer do tempo, tem afinidade com o eterno: que edifica, conserva, sustenta e impulsiona. Neste período o homem também aprende o que significa lançar fundamentos, defender-se e criar tradição. Descobre como é inócuo, e também penoso, estar constantemente abandonando a trilha aberta pelos antecessores para começar tudo de novo.[9]

É O MOMENTO EM QUE emergem "o homem" e "a mulher", as personalidades masculina e feminina, marcantes e bem caracterizadas, com as quais a vida pode contar, pois mergulharam, por meio do imediatismo dos impulsos e do fluxo dos sentimentos, naquilo que é válido e permanente. Um dos mais perigosos sintomas de nosso tempo é que a imagem dessas personalidades parece enfraquecer-se.

Acresce-se ainda a desintegração da família. Para ser realmente pai e mãe não é suficiente poder gerar e dar à luz. É necessário que haja solidez, a tranqüila força da ordem, perseverança, continuidade, qualidades sobre as quais se edifica o que se entende por família e lar. Justifica-se assim a intervenção generalizada do poder público nesse setor básico, uma vez que aqueles que sustentam a família muitas vezes não são verdadeiros homens e mulheres e não têm absolutamente o desejo de vir a sê-los.

9. Aqui se manifesta uma das mais graves deficiências do espírito alemão. Se vocês se detiverem um instante no quadro da história da Alemanha de um século e meio para cá, desde o Congresso de Viena e as tentativas de unificação do país no meio do século, passando pela fundação do Reich em 1871, até aquilo que desde então se apresenta na forma de constantes rupturas e retomadas, poderão ver a importância do que pretendemos dizer.
Existe um poeta que, embora não se inclua entre os maiores, ocupa uma posição especial em matéria de verdade e pureza: Adalbert Stifter. Sua obra é consagrada basicamente a certos valores do caráter, como a fidelidade a si mesmo e à sua obra, à perseverança na fundamentação, à continuidade, ao amadurecimento.

Daí surgem também as formas de vida dos acampamentos, dos estabelecimentos de ensino públicos, das pensões familiares, em que os locais de reunião, as instituições e o ambiente hoteleiro tomam o lugar do lar. A falta daquelas qualidades produz a estranha impressão, que hoje se tem com tanta freqüência, que a vida, com toda a imensidão do saber, com o gigantesco poder e a grande exatidão da técnica, está, no fundo, nas mãos de pessoas imaturas. Daí a profunda preocupação de saber se essas pessoas, que tão dificilmente lançam raízes autênticas em si mesmas, serão capazes de dominar, em termos humanos, seu próprio poder ou se sucumbirão diante dele e de suas bases de apoio coletivas, do Estado, dos sindicatos, dos mentores da opinião pública.

A CRISE DO RECONHECIMENTO DOS LIMITES

Também essa forma de existência entra em crise, mas antes de descrevê-la vamos antecipar algumas considerações.

Em nossa exposição, distinguimos apenas as fases principais, em virtude da impossibilidade de detalhamento. Não sei ao certo se o que examinaremos agora é realmente uma nova fase ou apenas um aprofundamento da anterior, isto é, um desdobramento da etapa precedente. Como ocorre na fase infantil, quando uma criança crescida é confrontada com a criança pequena, configura-se uma divisão da infância.

Tocamos aqui numa das principais dificuldades da fenomenologia do processo vital na maneira em que a entendemos. Como repousa sobre a dialética entre fase e totalidade, é muitas vezes nessa própria divisão que se pode vislumbrar a importância que o conjunto adquire no transcurso da vida.

Peço-lhes, portanto, que meditem sobre a visão que vocês têm das coisas. Dirijo-me, sobretudo, aos mais velhos, que já possuem em sua própria experiência um ponto de partida para considerações dessa ordem.

Se quisermos situar no tempo a fase que acabamos de examinar, diremos que se estende desde o fim da faixa dos vinte até metade da faixa dos quarenta. Evidentemente, são limites fluidos; há muitos fatores que podem provocar-lhe antecipação ou retardamento.

É a fase do pleno vigor; apóia-se na viva consciência de que só existe autenticidade quando as idéias verdadeiramente bem elaboradas associam-se à realidade corretamente apreendida; uma união de convicções incondicionais com o conhecimento das complicações, indecisões e miserabilidade das situações humanas... Fisiologicamente, é o tempo em que o elã da juventude se amortece, ganhando-se, contudo, mais profundidade e resolução; o tempo em que atuam de modo mais imediato as forças criadoras de natureza espiritual e vital.

É também o período em que o homem está mais disposto a assumir encargos, a exigir mais trabalho de si mesmo, a investir tempo e forças em suas obras, sem restrições de nenhuma espécie.

Mas aí surge a crise: uma percepção cada vez mais clara dos limites da própria força. O homem experimenta a sensação de um excesso de trabalho, de luta, de responsabilidade... A carga de trabalho se acumula. As exigências aumentam. A cada uma seguem-se outras, em sucessão aparentemente interminável... Pensemos no que significam a manutenção de um lar, conduzir a família pelo caminho da prosperidade, desenvolver um trabalho profissional, dirigir uma empresa, exercer funções públicas. Implica envolvimento de pessoas, coisas, forças, ordens; acarretam tensões, dificuldades, resistências.

Há uma tendência constante, por parte destes fatores, para agir separadamente; cada elemento ingressa em sua teleologia particular, ou seja, em um sistema próprio, natural ou pessoal, dos objetivos humanos. A integração será mantida mediante um esforço sempre renovado, de prudência, vigilância, ajustamentos despidos de egoísmo e de renúncia.

Essas considerações chegam lentamente à consciência e, enquanto no início havia um vivo sentimento de reservas vitais, vigor, iniciativa e inspiração, agora prevalece a idéia de que há um limite para esses recursos. Vem a sensação de cansaço, que as exigências são demasiadas e que seria bom descansar; o capital começa a ser consumido – principalmente nos momentos em que há acúmulo de trabalho, em que as instâncias se tornam excessivas e as dificuldades parecem insuperáveis.

As ilusões se desvanecem; e não apenas aquelas que são próprias da juventude, mas também as relacionadas com a crença de que a vida continua conservando um sabor de novidade e ainda não foi devidamente degustada.

Até então a honra, a determinação, o senso de responsabilidade tinham impelido a consciência a lançar fundamentos, construir e lutar. Agora tudo perde o frescor, a novidade, o interesse, a força estimulante. Vai-se aprendendo o que significam o trabalho e a luta. Aprende-se como se comportam os homens, como surgem os conflitos, como se inicia, desenvolve e conclui uma obra, como se estabelece uma relação humana, como nasce e morre uma alegria.

Não se sente mais excitação por um encontro recente, por um novo empreendimento. A existência adquire as feições de coisa vista. O homem, sempre informado, tem a sensação de que as coisas se repetem. O que, naturalmente, não é totalmente correto; já dissemos uma vez que nada se repete. O sábio provérbio "tudo já aconteceu" também pode ser invertido para "nada aconteceu assim". A sensação de monotonia, do já conhecido, se apodera do espírito. Tudo é sentido como rotina.

Cada vez mais transparece a miserável condição da existência humana. As pessoas nas quais foram depositadas esperanças acabam por decepcionar. Os homens em geral revelam uma estupidez, uma indiferença, podemos mesmo dizer uma má vontade, antes não perceptíveis. Olhando por trás dos bastidores, percebe-se que as coisas são muito mais dolorosas do que se havia imaginado.

Surge o tédio, o sentimento que os antigos denominavam *taedium vitae,* profunda desilusão que não advém de um fato isolado, mas de toda a extensão da vida. A tática da vida para conosco consiste em prometer muito, no começo. Os períodos da puberdade e da juventude são os mais sensíveis a essas promessas. As pessoas se sentem encorajadas – seduzidas, no dizer de pessimistas como Arthur Schopenhauer – a penetrar no desconhecido da existência, a assumir compromissos relacionados com amizade, amor, vocação profissional.

Na seqüência vital, a força dessa promessa se esvaece. A visão é mais aguda, o coração menos confiante. Cada vez mais nitidamente, vê-se que as promessas não são cumpridas; quanto à segurança, não vale o preço pago por ela. Surge aos poucos esse grande desencanto que se instala na vida de todos nós. Não só na vida daqueles a quem tudo foi negado, mas também na daqueles a quem tudo foi concedido e são vistos em seu meio como pessoas favorecidas pela sorte, que produziram coisas importantes. Pois o que dá um verdadeiro sentido à vida não é o extensivo, o *quantum,* mas o intensivo, a força de uma vivência plena de sensibilidade.

O resultado é uma crise. Seu desfecho vai depender de duas alternativas possíveis, e de qual prevalecerá. Ou o homem se entrega ao desencanto e às desilusões, à sensação de miséria da vida, tornando-se cético e depreciativo, fazendo mecanicamente apenas o estritamente necessário, porque precisa viver – talvez se obstinando, por força das circunstâncias, num otimismo que no fundo não sente, acumulando trabalho em cima de trabalho, com as mãos sempre ocupadas – e cometendo aqueles desvarios tão próprios dessa fase, como jogar e especular, abandonar a família, lançar-se em empreendimentos arriscados ou em ações políticas perigosas, apenas com o intuito de fugir à monotonia e, provavelmente, para fracassar; ou então, ao contrário, concede à sua existência aquele assentimento que advém da seriedade e da lealdade, e adquire um novo sentimento do valor da vida.

O HOMEM SERENO

SE PREVALECER A SEGUNDA ALTERNATIVA, emergirá a figura vital do homem sereno. Caracteriza-se por enxergar e aceitar as fronteiras, limitações, deficiências e misérias da vida.

Não significa que ele venha a considerar como bom o injusto, o perverso, o vulgar; que ignore a desordem, o sofrimento, a falta de opções de vida; que proclame rico o indigente; autêntico, o aparente; realizado, o vazio. Vê tudo isso, sim, mas o aceita, com a percepção de que assim é e assim perdurará.

Não abandona o trabalho: prossegue-o com toda a lealdade, para atender à família, à profissão, à comunidade, com as quais se comprometeu. Realiza-o de modo exato, com a mesma correção anterior, apesar de todos os fracassos, porque o senso de responsabilidade reside nele mesmo. Persiste em seus intentos de ordenar e cooperar porque sabe que é do constante reinício do aparentemente inútil que provêm esses impulsos, incontroláveis individualmente, que sustentam a vida humana tão profundamente ameaçada.

NESSA ATITUDE HÁ MUITA DISCIPLINA e muita renúncia. Uma coragem que é mais determinação que ousadia.

Vocês vêem como nela se concretiza o que chamamos caráter. É em pessoas dessa espécie que a vida se apóia. Justamente por não terem mais a ilusão de grandes êxitos, de vitórias fulgurantes, elas são capazes de realizar coisas úteis e duradouras. É assim que devem ser os verdadeiros estadistas, os médicos, e, no mais amplo sentido, os educadores.

Configura-se aqui a imagem do homem superior, do homem que oferece segurança. A condição humana e as perspectivas culturais de uma época podem ser julgadas pelo número de pessoas dessa estirpe e pela extensão de sua influência.

A CRISE DO DESINTERESSE

DELINEIA-SE ENTÃO UMA NOVA CRISE, associada ao envelhecimento; nós a denominaremos de o processo do desinteresse.

A vida de um homem vivida nos moldes que acabamos de ver é plena de ricos valores. Ele é capaz de grandes feitos, por voltar sua ação para os pontos certos, procedendo dentro de padrões adequados, sem depender de êxitos momentâneos. Além disso, como pessoa, graças à determinação de suas convicções e a toda sua percepção do mundo real, ele supera as próprias limitações.

Porém, ao mesmo tempo em que a vida torna-se mais intensa e valiosa, vão surgindo novas experiências relacionadas com a deflexão da linha do existir e com a consciência de um fim que se aproxima.

Princípio e fim são coisas misteriosas. Como vocês devem estar lembrados, já tivemos ocasião de mencionar que o princípio da vida, o fato de nascermos e ter sido crianças não significa que, em nosso movimento, tenhamos abandonado o ponto de partida – na realidade esse início nos acompanha sempre. Nascimento e infância constituem um elemento vivo na vida de um homem: tais como o são, por analogia, os primórdios dentro da história da civilização, que são reverenciados nos mitos da origem dos povos e na figura dos antepassados. Esse elemento age por toda a vida, até o seu final ...[10]

[10] A interpretação dessa permanência do princípio ao longo da vida é uma questão complicada e interessante, que, entretanto, não podemos examinar aqui em detalhe.

O fim, ao contrário, age por antecipação, desde o princípio. A abertura da melodia dá os contornos de seu desenvolvimento; seu final também pré-condiciona a sua forma. A vida não é uma simples justaposição de partes, mas um todo coeso que, um pouco paradoxalmente, está presente em todos os pontos do percurso.

Portanto, o fim faz-se sentir durante toda a existência; a linha da vida se inclina até parar um dia e tudo o que acontece orienta-se em direção ao desfecho, a que damos o nome de morte. Esse ponto final se exprime, contudo, de modos diferentes ao longo do caminho, conforme a fase da vida que se considera... A criança sabe muito pouco a respeito disso. A imagem da futura morte atua sobre ela de modo provavelmente indireto; por exemplo, como fome de vida e anseio de proteção... O sentimento de morte na juventude pode ser especialmente vivo, porém assumindo, mais propriamente, o caráter de uma trágica exaltação do sentimento de vida. Assim, é o jovem quem mais facilmente morre, porque a plenitude vital faz da própria morte uma parte da vida. A fase essencial que mais propicia o esquecimento da morte é a denominada fase adulta. Nela, o homem é tão solicitado pelas exigências imediatas e está tão seguro de sua força e independência que a consciência da morte pode ser reprimida com maior facilidade. Na fase do homem maduro, o sentimento do fim faz-se presente com a percepção dos limites. É quando ele se transforma, com a determinação de que falamos anteriormente. E torna a vida densa, séria e valiosa.

É ENTÃO QUE TUDO MUDA. A certeza do fim passa a ser um fato elementar. O processo pode ser descrito assim:

Primeiro, tem-se a compreensão da transitoriedade. As possibilidades são examinadas: a medida da própria capacidade e do que ainda pode oferecer a vida. Com isto desaparece o que nos confere o caráter de infinitos – melhor dizendo, de intermináveis: a expectativa. À medida que o homem envelhece, espera cada vez menos; na mesma proporção, intensifica-se o sentimento de transitoriedade. A expectativa dilata o tempo; o conhecimento da resposta o contrai. Revigora-se a impressão de que alguma coisa se aproxima do fim: um dia, uma semana, uma estação, um ano. Há uma consciência de que o que fazemos hoje já fizemos ontem; de que só hoje notamos o que já estava aqui há oito dias. Isso faz com que se encolha o tempo transcorrido. A vida passa cada vez mais rápida.

Um segundo elemento que atua nesse contexto provém não do tempo, mas de uma alteração dos próprios acontecimentos ou do modo como são sentidos: é uma perda de consistência. Não quer dizer que sucedam menos coisas, ou de menor valor, mas que preenchem cada vez menos a vida. Aquele que está vivenciando essa experiência impressiona-se cada vez menos com o que ocorre em seu redor, pois não leva nada muito a sério. Aceita os fatos com plena responsabilidade, mas não maquinalmente. Por esse motivo, o homem que envelhece esquece cada vez mais facilmente o que está acontecendo agora, enquanto, por outro lado, as lembranças do passado ganham importância.

HAVERIA AINDA MUITO PARA DIZER. Mas o que foi dito é suficiente para caracterizar a crise que se forma. A possibilidade e o modo de superação desta crise dependem de como cada homem aceita o fim de sua vida e observa as indicações que lhe vêm da transitoriedade e da perda de consistência das coisas.

Quando isso não acontece, surge o homem idoso, no pior sentido da palavra; ou, mais precisamente, aquele que não quer envelhecer.

Para tanto, ele pode desviar o olhar do fim que se avizinha e agir como se este não se aproximasse, agarrando-se à fase da vida que se esvai. Age como se ainda fosse jovem – com resultados funestos e lamentáveis. Um dos aspectos mais discutíveis do nosso tempo é relacionar o valor de uma vida com o fato de ser jovem, pura e simplesmente.

Pode ser também que ele capitule diante do envelhecimento e renuncie totalmente à vida, prendendo-se ao que ainda existe. Manifestam-se então os piores sintomas de materialismo da velhice, que se canaliza totalmente para interesses concretos: comer e beber, a conta bancária, a poltrona confortável. Desenvolvem-se o egoísmo senil, um forte desejo de reconhecimento, o gosto por tiranizar o próximo – cujo tormento dá ao tirano a impressão de ainda ser alguém. (Ver o capítulo "A entrada na senectude".)

O caminho positivo para a superação da crise consiste na aceitação do envelhecimento; aceitar o fim, sem esmorecer, nem o depreciando com indiferença ou cinismo.

Deparamo-nos, pois, com um grupo de atitudes e valores muito nobres e importantes para a vida: compreensão, coragem, dignidade, assunção da vida pregressa e das obras produzidas, do sentido da existência vivida...

Especialmente importante é a superação da inveja que se sente dos jovens... do ressentimento contra tudo que é moderno... da alegria malsã por falhas e insucessos dos tempos atuais...

O HOMEM SÁBIO

CASO TUDO ISSO ACONTEÇA DESSA MANEIRA, surge então a figura do homem idoso, ou, para empregar um termo que exprima valor, do homem sábio.

Podemos caracterizá-lo como alguém que conhece e aceita o próprio fim. Não quer dizer que tal situação o alegre – ainda que em raros casos isso ocorra – mas apenas que está, cada vez mais, verdadeiramente preparado para o que se aproxima.

O fim da vida ainda é vida. Nesse estágio manifestam-se valores que só então se podem revelar. Com sua aceitação desponta em nós uma tranqüilidade que é também, no plano existencial, superior. Quando alguém perguntou ao cardeal Carl Borromäus o que faria se soubesse que iria morrer dentro de uma hora, ele respondeu: "Faria especialmente bem o que faço agora". É uma demonstração de superioridade. Foram superados a angústia, a busca do prazer total, a pressa em usufruir o que resta da vida, o desejo de preencher ao máximo o tempo cada vez mais curto... (É a conduta de Sócrates no final do Fédon).

Nasce, porém, do sentimento de transitoriedade, algo de positivo em si mesmo: a consciência cada vez mais clara do não-efêmero, do que é eterno. Neste curso não podemos detalhar o assunto; observaremos apenas que em cada caso, conforme a visão individual, essa percepção terá um caráter diferente.

Não tem o mínimo propósito dizer: "eu sobreviverei em meus filhos ou em meu povo". Isso deturpa o sentido do que queremos exprimir. Vai mais além: põe nossas idéias a serviço exatamente daquilo que é efêmero e transitório. Quem fala com seriedade do eterno não está pensando em perpetuação de si mesmo, seja pelo aspecto biológico, cultural ou cósmico. O perpétuo prosseguir é uma eternidade má; ou melhor, leva a transitoriedade às raias do insuportável. A eternidade não é um "mais", um acréscimo quantitativo, por mais incomensuravelmente longa que seja; é qualitativamente diferente, livre, incondicionada.

O eterno não está relacionado com o biológico, mas com a pessoa em si. Nele, esta não é considerada como inserida na perpétua continuação – ele a inunda no sentido absoluto.

A consciência do não-transitório cresce à medida que se aceita com sinceridade o transitório. Quem pretende eludi-lo, ocultando-o ou negando-o, não chega sequer a compreendê-lo...

O mesmo ocorre com o que denominamos a perda de consistência da vida. Traz uma clara compreensão de que a vida significa mais do que ela própria. O finito torna-se transparente para o absoluto.

Dessa experiência vem a distinção entre o importante e o secundário; entre o autêntico e o inautêntico; entre a visão da vida em sua totalidade e o significado de cada uma de suas partes no conjunto – em suma, uma expressão do que se entende por "sabedoria". A sabedoria é diferente da inteligência viva e penetrante ou da simples prudência em coisas práticas da vida. Surge quando o absoluto e eterno penetram na consciência finitamente transitória, lançando luz sobre a existência.

Aí se enraíza a verdadeira eficiência dessa idade. São duas as espécies de eficiência: a da *dynamis* imediata, como força de domínio e ordem; e a do sentido, a verdade e o bem. No homem adulto, as duas mantêm um certo equilíbrio. Ele precisa produzir, lutar, impor – mas produzir o legítimo, lutar pelo justo, impor o bem.

No curso da presente idade, a *dynamis* decai. À medida que o homem consegue superar-se interiormente, torna-se, por assim dizer, transparente para o espírito. Não se torna ativo – irradia. Não se aferra às coisas, não comanda, não domina – revela o espírito e lhe dá especial efetividade pelo altruísmo de sua atitude.

Nesta altura é necessário que sejamos mais precisos a respeito de algo que já mencionamos e que é importante para o homem de hoje. Ele esqueceu em grande parte o que significa realmente a velhice, substituindo-a por uma imagem imprecisa do que seria prosseguir vivendo, segundo um modelo baseado na forma vital dos jovens. Para ele o envelhecimento só se manifesta em limitações: diminuição de capacidade, perda de flexibilidade, etc. Assim, o homem idoso nada seria além de um jovem em declínio – o que se associa à confiança na capacidade médica de prolongamento da vida, e em métodos de cura "milagrosos", sem falar nas extravagâncias da moda e nos "cuidados de beleza". O que resulta é aparência e ilusão.

A conseqüência é que em todo o quadro da vida atual estão ausentes os valores da velhice: a sabedoria em suas diferentes formas, a conduta ditada pela transparência que a vida vai adquirindo por meio do discernimento e da capacidade de julgamento.

Quanto menos se reconhece e leva em conta a velhice, mais desconhecida é também a infância genuína. A maioria das crianças não passa de adultos em miniatura. As verdadeiras crianças são seres humanos que vivem naquela fase da vida de que falamos anteriormente. Gostam, por exemplo, de ouvir contos de fada, ou seja, são capazes de pensar em termos míticos. Mas atualmente, quando se contam histórias, estas são racionalizadas ou estetizadas. As crianças sabem brincar, sabem criar formas, imagens da vida, cerimônias. Porém, o que vemos em toda parte são brinquedos impregnados de sofisticação técnica, na realidade idealizados por adultos. E quando por felicidade dá-se uma manifestação verdadeiramente infantil, quando se vê como podem ser significativos os desenhos das crianças, elaboram-se teorias, organizam-se exposições, concedem-se prêmios e põe-se tudo a perder.

Os dois fenômenos estão relacionados. Refreia-se o envelhecimento, e deparamos com pessoas que têm sempre vinte anos, homens e mulheres – criaturas insensatas e covardes. Por outro lado, perde-se a criança, aparecendo em seu lugar o pequeno adulto, uma criatura cujas forças vivas, nascidas de seu âmago, já se encontram exauridas. Ambos os desvios representam, na verdade, um empobrecimento da vida.

A ENTRADA NA SENECTUDE

Quando a vida de um homem é muito extensa, a fase do homem idoso ou sábio não é a última; segue-se a ela a fase da velhice extrema ou senectude. Em considerações anteriores, vimos que o ingresso em cada nova fase da vida é precedido de uma crise. Verifiquemos se é o que ocorre também neste caso.

Antes disso, entretanto, recordemos qual a natureza daquela intranqüilidade a que damos o nome de crise. Enquanto uma forma de vida ainda estava em andamento, mas caminhava para o final, irrompia uma outra que logo entrava em vigência. A sucessão das fases não se dá por um corte preciso que determine claramente o fim de uma e o início de outra que seja algo inteiramente novo. A nova fase começa a preparar-se antes de efetivar-se realmente, enquanto a que termina mantém sua estrutura e atuação por mais tempo do que se configuraria como normal. Por outro lado, a transição não se processa como uma transformação gradual da primeira fase na segunda: cada uma se afirma como estrutura. Ou seja, a nova fase se infiltra na esfera da anterior, provocando essas tensões e frustrações a que denominamos crise.

Resta saber se esta última fase, no modo como se dá ao longo de uma vida plenamente vivida, também deve ser considerada como uma forma legítima e, portanto, se essa crise poderia ser prevista antes de declarar-se.

MAS NÃO PARECE SER ESSE O CASO. O que denominamos idade da senectude parece, de início, não ser mais que uma decadência. O observador não encontra nela nenhuma forma original de vida positiva que se caracterize por traços nítidos e marcantes, dotada de produtividade própria e constituindo um quadro de valores especial.

O que a observação mostra como positivo são elementos da fase do homem sábio, ainda preservados. Eles adquirem um novo aspecto; de um lado, por se completarem e, de outro, pelo aparecimento de sinais evidentes de fixação, esvaziamento, falta de coordenação.

Parece haver aqui uma contradição com a impressão freqüentemente causada pela personalidade de homens muito velhos. São calmos – uma calma de natureza interior. Possuem uma dignidade que não lhes provém das obras, mas do próprio ser. Em sua natureza existe algo que dificilmente se poderia designar de outro modo que não seja recorrendo-se à imagem do eterno.

Nessa impressão manifesta-se o sentido da fase da vida ora focalizada. É, sem dúvida, um valor puro, mas, se for permitida uma expressão paradoxal, um valor que consiste exatamente no cumprimento daquilo que se chama "o fim". Funda-se numa realização que não se encontra no apogeu de nenhum grande acontecimento ou no desfecho de um destino trágico, mas na conclusão da tarefa que a vida impõe ao homem, independentemente de seus cometimentos. Esse fim não destrói a vida – penetra-a, tornando-se, ele próprio, "vida".

Isso confirma o que presumíamos: a etapa vital do homem de idade avançada não constitui uma estrutura própria, mas representa uma desintegração de todas, que pode ser efetiva ou aparente, podendo representar a plena realização, mas também o naufrágio.

Portanto, não se pode falar em uma crise, com o sentido que essa palavra vem sendo empregada até aqui. A última fase da vida, que denominaremos a fase do homem senil, inicia-se quando se manifesta um declínio irreversível e, com isso, surge a dependência em relação aos outros. Pode acontecer repentinamente, em conseqüência, por exemplo, de uma doença que provoque a debilitação geral das forças. Ou pode preparar-se imperceptivelmente, emergindo em algum episódio casual: quando ele não consegue mais fazer alguma coisa que antes fazia com naturalidade, ou quando alguém o substitui em um cargo de liderança.

O HOMEM SENIL

COSTUMA-SE DIZER QUE A FASE DA VIDA que se segue à fase do homem sábio é a segunda infância. Esta é uma das inverdades sentimentais com que se procura fugir à realidade da existência. Na verdade, a semelhança do homem de idade muito avançada com a criança limita-se a aspectos puramente externos: *ele* não pode fazer o que o adulto faz normalmente e não pode manter-se por si mesmo, necessitando sempre da ajuda alheia. Esta, contudo, é uma determinação puramente quantitativa, que, mediante as devidas adaptações, pode aplicar-se a outras situações, como à de um doente ou acidentado grave. O verdadeiro sentido dessa fase é outro.

Certamente a criança é mais fraca do que o adulto, menos capaz de defender-se e de abrir caminho. Com exceção de alguns campos especiais da infância dos quais falamos, a criança é simplesmente "menos" do que o adulto, e por isso fica entregue a seus cuidados – mas de uma forma que se atenua de modo progressivo. Ela está no princípio e a dominante de seu quadro de valores é o crescimento. Sua vida é ascensão, dirige-se para o alto; há tempo bastante. A criança tem "futuro". Admitida a vigência de condições normais, o tom de sua vida é de expectativa; espera que é constantemente satisfeita – ao menos na acepção de estar a criança em contínuo desenvolvimento e tomando consciência de si mesma.[11]

[11] Não levamos em conta aqui desilusões, por assim dizer, constitutivas, que consistem em que a vida geralmente não cumpre aquilo que promete com as ilusões da juventude.

Essas características não apenas são diferentes daquelas da fase da vida senil como, até mesmo, inteiramente contrárias. Demonstram justamente que não se espera mais nenhuma verdadeira realização referente à própria vida. As coisas só estão "ainda" aí, enquanto o esforço essencial tende a conservar o já existente e a retardar o declínio – a menos que uma ilusão venha a obliterar a visão da realidade.

A FASE DA VIDA SENIL É CARACTERIZADA pela perda de originalidade e intensidade das formas de experiência, impulsos e atividades.

O vigor e a profundidade dos desejos diminuem, desaparecendo as paixões do complexo psicossomático; a capacidade dos sentidos se reduz e vão se instalando deficiências orgânicas; a precisão e a agudeza da percepção baixam. Torna-se difícil a adaptação a novas situações; a vida se enrijece; os processos se imobilizam. Desaparece o espírito de luta. O homem senil interessa-se cada vez menos por novidades. Com o passar do tempo, raramente se sente disposto a mudar alguma coisa – só deseja tranqüilidade. Além de um círculo cada vez mais estreito, não se interessa pela marcha geral da vida; torna-se indiferente.

Perde o desejo de conquistar a estima e a simpatia de outras pessoas. É a origem da indiferença, da falta de interesse pela impressão que seu comportamento causa; a não ser que essa indiferença se transforme em seu contrário, isto é, na desconfiança dos que se sentem mais fracos em relação aos mais fortes, ou na docilidade com que visa obter, pela astúcia, as boas graças dos outros.

A indiferença pela impressão que seu comportamento possa causar intensifica um efeito provocado pela figura do homem senil. Ele sugere a própria imagem da decadência, da qual se afasta assustada a sensibilidade do homem que está em plena vitalidade, tanto mais quanto mais jovem for.

Efeito semelhante provoca a imagem anímica do homem senil descrito. Especialmente característico é o materialismo da velhice que nele se manifesta, e do qual já falamos. Decrescem-lhe as faculdades espirituais; diminuem a sensibilidade, a profundidade e a capacidade de diferenciação do anímico. Conservam-se por mais tempo os impulsos dirigidos à materialidade, ao imediato, aos prazeres da mesa, ao conforto pessoal; não raro ao desejo sexual, no plano puramente físico.

Há mais: o homem senil sente-se fraco e ameaçado. Sua defesa consiste na afirmação do que é e possui: haveres, direitos, hábitos, opiniões e juízos. Surge a teimosia senil, com sua pertinácia no aferrar-se e na oposição, que pode chegar às maiores insignificâncias e tolices. É difícil enfrentá-la, porque a razão e os sentimentos já não são bastante ágeis para entender argumentos e aceitar explicações.

Disso resulta uma atitude em que predomina o negativo, com a agravante das circunstâncias especiais criadas por doenças ou debilidade física profunda: dores, distúrbios funcionais, decadência, descuidos com o próprio corpo. Por conseguinte, a dificuldade se torna cada vez maior para a própria pessoa e para os que a cercam.

Na caracterização do homem senil apresentamos primeiramente os aspectos negativos, por se destacarem no quadro geral da vida. Mas é preciso não perder de vista, como ponto básico para a compreensão do homem, que na criatura humana não se encontram tendências, processos ou estados puramente negativos. Cada elemento tem aspectos positivos e abre possibilidades positivas. Isso também vale para a fase senil.

Na realidade todos nós conhecemos algumas pessoas de idade muito avançada nas quais gostamos de pensar, porque irradiam sempre uma tranqüilidade amiga. Elas vivem naturalmente em seu ambiente, resolvendo sem alarde muitas de suas dificuldades, auxiliadas por experiência de vida. A contemplação dessas figuras do cotidiano nos leva aos grandes vultos da poesia e das artes plásticas, mostrando-nos, de certa maneira, o que pode fazer o idoso que se conhece bem e se conduz convenientemente.

Essa situação é possibilitada justamente por certos aspectos de declínio da vida já mencionados. O homem muito idoso está liberado dos encargos materiais da existência, que tantas vezes se transformam em luta pela vida. Sua frieza interior o torna mais propenso à aceitação; a experiência e o afastamento da vida o ensinam a compreender os outros e dar-lhes valor. Sobre isso diremos algo mais a seguir.

NOSSAS CONSIDERAÇÕES NÃO VISAM uma fenomenologia da evolução humana pelo interesse dessa evolução em si mesma, mas por seu aspecto ético-pedagógico. É necessário, portanto, examinar os problemas de ordem moral relacionados com a fase do homem senil, procurando conhecer as possibilidades de natureza educativa que ela apresenta.

Como vimos, não se pode assinalar um verdadeiro quadro de valores que, baseando-se na estrutura da fase, seja capaz de determinar seus impulsos involuntários e possa por si só servir de fundamento à criação de normas éticas precisas e bem claras. A não ser que afirmemos que o quadro de valores aqui vigente seja construído a partir do fim, residindo sua dominante em um elemento esquecido pelo nosso tempo e denominado por outras épocas mais compreensivas de *ars moriendi*, a arte de morrer.

O processo da morte inicia-se muito antes do momento em que o médico fica seriamente preocupado, quando a diminuição das forças, o estreitamento do campo da vida, a sujeição aos cuidados de outros, começam a determinar o tom da existência. Portanto, se a fase da vida senil tem um quadro de valores, sua dominante só pode apontar em uma direção: a direção da morte.

Já vimos no capítulo anterior que nossa época só vê "vida" na manifestação do vigor juvenil. A morte é encarada como meramente negativa. Só merece alguma consideração a morte respeitável, ou heróica, ou que, de algum modo, encerre um cunho de grandiosidade trágica. Trata-se, contudo, de valorizações fortuitas, por assim dizer puntiformes, aplicadas simplesmente ao fim da trajetória, e sendo, no mais, de natureza decorativa. Nada resta do significado absoluto que em épocas passadas era atribuído às expressões "boa morte" ou "morte bem aventurada", com a implicação de que na morte recai a decisão sobre a eternidade.

Perdeu-se também, portanto, aquele significado incorporado à própria vida, que era capaz de fazer com que a marcha para a morte conferisse à existência uma importância e dignidade próprias. Em uma visão que priva a morte de sua aura de valor autêntico, ela é encarada como mero desenlace que ocorre em condições aterradoras. Por isso é banida do campo visual e, quando vem, é um aparecimento inesperado. Não há ligação entre ela e a vida real anterior. Segundo o que nos é permitido sentir, ela vem "de fora", e os sintomas com que se anuncia na ancianidade não se incorporam ao quadro da existência, são apenas tolerados.

A QUESTÃO ÉTICO-EDUCATIVA da fase da senilidade pode ser vista por dois aspectos.

O primeiro e mais importante desses aspectos coloca o problema nas mãos daqueles que cercam as pessoas muito idosas. Se a característica dessa fase consiste na queda da energia vital, aumentam na mesma proporção os encargos dos responsáveis pela vida em declínio. É uma missão de amparo que requer, antes de tudo, paciência.

Não é fácil conviver com o homem muito idoso. Em seu interior e à sua volta a vida pára. O variado, o surpreendente, o excitante deixam de existir. Tudo obedece a uma rotina sempre igual, já observada há muito tempo, até em palavras e gestos, mantida por uma pertinácia que aumenta com a idade. A fraqueza da velhice manifesta-se em sensibilidade, desconfiança, não raramente em mutismo ou até em métodos insidiosos.

Enquanto acontecimentos muito antigos se conservam claramente na memória, sendo a todo instante relembrados com uma irritante monotonia, sempre enaltecidos e apresentados como base para crítica aos tempos atuais, os fatos recentes, sobretudo os que acabam de ocorrer, desaparecem da lembrança. O que dá margem a freqüentes mal-entendidos e situações desagradáveis, cada vez mais difíceis de aceitar.

Mencionem-se ainda as condições físicas, as doenças cada vez mais freqüentes; a tendência ao descuido consigo mesmo; à indiferença para com os sentimentos alheios – reunião de fatores que acarreta o perigo de que a própria cordialidade dos que cercam os idosos desapareça aos poucos, não havendo mais condições para uma aceitação plena de amor. Quando se trata de idosos não chegados a nós, podemos avaliar melhor a abnegação que devem ter as pessoas encarregadas do atendimento à extrema velhice.

Aqui a questão ética deixa transparecer toda sua dificuldade. Requer-se ao mesmo tempo energia e desprendimento, mas, sobretudo uma grande paciência, sempre renovada – ainda mais porque não existe a perspectiva de futuro, nada mais se podendo esperar, geralmente, além de uma convivência razoavelmente boa.

O melhor caminho para esta é uma atmosfera de tranqüila naturalidade. É a que se constrói com maior rapidez e a mais eficiente em longo prazo. Nessa atmosfera consegue-se afastar mais facilmente o que deve ser evitado, retirando-se o veneno que alimenta as suscetibilidades, desfazendo-se o mutismo e a reserva íntima. Um olhar sobre o grande contexto da vida nos auxiliará a encontrar essa naturalidade.

Outro elemento ainda pode contribuir positivamente: o humor. Se a teimosia, as críticas constantes, a desconfiança dos muito idosos trazem o desespero àqueles com quem convivem, essa situação poderá ser solucionada se as pessoas conseguirem distanciar-se internamente; percebendo o cômico descompasso entre as pretensões do ancião e as circunstâncias reais que o cercam, até rirão – interiormente, é claro. O mal-estar então se desfará, ao menos por alguns instantes, na grande loucura da vida.

E é bom que se possa recorrer a uma válvula de escape como essa, porque a presença conflitante do homem senil pode ter um mau efeito: que as pessoas que o cercam desejem sua morte. Desejo que às vezes é expresso grosseiramente, em palavras ou conduta; porém, ainda que permaneça sutilmente inexpresso, será percebido pela sensível autoconsciência dos idosos.

Cada impulso interno tem, contudo, a tendência de se realizar, e nenhum progresso cultural oferece, pois, uma segurança absoluta. Em épocas passadas, sendo o homem senil considerado um perigo, era morto. Em tempos mais recentes isso tem-se repetido, com apoio da exatidão científica e da organização precisa, fundamentadas em uma teoria oficial. E que ninguém diga que esse procedimento lhe é alheio. Quem tiver capacidade de observar a si mesmo, compreendendo seus próprios erros e sonhos, poderá muito bem se assustar com o que às vezes emerge de seu interior. O modo como o idoso é relegado para um asilo, mesmo quando há possibilidade de mantê-lo em casa, não representa fundamentalmente nada diferente da "eugenia" do período nazista.

Por outro lado, não devemos esquecer que os deveres do homem vigoroso para com idosos não são importantes apenas para estes. Se não me engano, foi Friedrich Wilhelm Foerster quem apontou o perigo inerente à própria saúde. Ela pode tornar o homem rude e, em sentido profundo, tolo. Os antigos diriam: pode torná-lo vulnerável ao destino. O cuidado com o fraco protege o próprio forte. Observando os anciãos e compreendendo sua necessidade de amparo, o homem forte modera a própria sofreguidão de vida e protege-se contra muitas coisas que poderiam causar-lhe a ruína.

Além disso, tal cuidado traz-lhe uma compreensão melhor sobre a vulnerabilidade da existência e daqueles valores mais profundos que o turbilhão de uma vida sadia facilmente encobre. O homem que se recusa a ser bom para aqueles que atravessam o declínio vital, e se nega a auxiliá-los durante o progressivo estreitamento de sua existência, desperdiça uma excelente oportunidade de entender o que é realmente a vida, como é inexorável a tragédia dos idosos, quão profunda é sua solidão e até que ponto as criaturas humanas são solidárias.

A RESPOSTA AO PROBLEMA MORAL da última fase da vida será dada só pela metade se não abordarmos a participação dos próprios anciãos na solução de seu problema existencial. O homem não é um mero objeto; é essencialmente uma pessoa e, portanto, sempre o sujeito da própria existência. Naturalmente sua responsabilidade restringe-se à medida de suas forças anímico-espirituais e não haveria sentido em estabelecer exigências acima dessas forças. Mas, enquanto ele for capaz de lançar um olhar sobre sua vida, terá a possibilidade de fazer algo melhor ou pior, tendo, portanto, um dever para consigo mesmo. É preciso que saiba que lhe cabe a obrigação moral de exigir não só dos outros, mas também dele próprio.

Entre os muito idosos existem aqueles que estão em permanente oposição ao seu destino; só pensam em obter pela força ou pela astúcia todas as pequenas satisfações que possam conseguir; transformam-se numa praga para si mesmos e mais ainda para os outros – tornam-se conseqüentemente odiosos e vazios.

Mas existem os outros idosos, a quem é uma bênção conhecer, de cuja longa vida emana uma aura de tranqüilidade. O trabalho foi feito, o amor foi dado, a dor foi sofrida – e tudo continua ali, no rosto, nas mãos, nas atitudes, permanecendo vivo na voz do ancião. Essa foi uma realização que construiu a si própria, graças a uma aceitação constantemente renovada daquilo que não pode ser mudado; graças à bondade, que sabe que o outro também existe e procura tornar-lhe fáceis as coisas; ao entendimento que mais vale o perdão do que a obstinação, e mais a paciência do que a violência, e que o mais profundo da vida se encontra no silêncio, não na palavra.

E, além de qualquer outra coisa, envelhecer significa aproximar-se da morte; quanto mais velho se é, mais próximo se está. Dessa proximidade emerge o embasamento da existência. Levantam-se as questões primordiais: a morte é a desintegração no vazio ou a passagem para o autêntico? Para essa questão só a religião dá resposta. É mau envelhecer sem crer em Deus; não há palavras que eludam essa realidade. O núcleo da vida dos idosos deve ser a oração, qualquer que seja a forma que ela possa assumir.

As exigências de ordem moral que se fazem ao homem muito idoso não podem ultrapassar certos limites, cada vez mais estreitos. Para que ele possa, contudo, contribuir para o domínio da situação, deverá ter criado previamente as condições necessárias. Converter em algo proveitoso a fraqueza da fase senil é um dom que pertence somente a quem, durante o período da velhice fecunda, que examinamos anteriormente, já tenha aceito a idéia da morte. Se tiver afastado de si esse pensamento, criando ilusões sobre o futuro, chegará à ancianidade em miserável situação.

Em nossas considerações, a aceitação da fase em que vivemos é, permanentemente, o aspecto central da realização moral da vida. Aceitar a realidade foi sempre o ponto de partida para poder-se fazer o que é devido. A aceitação do declínio da vida não se dá apenas por si mesma; não há condições para tanto. Não vai além de uma simples resignação, que é uma negação, uma impotência consentida. Portanto o homem deve, já desde a fase da sabedoria plena, aceitar a morte que se aproxima; é preciso que aprenda a conviver com essa idéia, aceitando como um presente tudo que lhe seja concedido em tempo, vigor e êxito. Só então, por força desse preparo por assim dizer armazenado, poderá fazer da última fase da existência algo mais que a simples amargura do declínio.

Existem ainda outras coisas que precisam ser especialmente ressaltadas. O que torna muitas vezes a fase do homem senil tão penosa, não só para si próprio como para os que o cercam, é o fato de não se importar mais com o modo como os outros o vêem. Não faz muito sentido dizer a uma pessoa de idade muito avançada que ela deve manter-se asseada, evitar o cinismo próprio da idade ou observar bons hábitos, se ela não tiver desenvolvido em si anteriormente – muito antes, desde a infância – um senso de autodomínio, de ordem, de consideração.

O fortalecimento desse senso constitui, acima de tudo, uma tarefa da idade madura no preparo para os últimos anos da vida. Sempre que o idoso sentir a tentação de fugir à autodisciplina, esquecendo a civilidade e aproveitando-se da liberdade que a velhice lhe concede de fazer coisas anteriormente proibidas, ele deve compreender que está criando assim um estado de degradação que vai desfigurar-lhe a quadra final da existência.

Detivemo-nos na última fase da vida mais do que seria razoável, por sua influência no conjunto. Parece, contudo, estar crescendo a importância atribuída ao período da ancianidade. Estatísticas demográficas e a experiência médica indicam que a vida média – a "expectativa de vida" – cresce rapidamente. As causas da morte são combatidas com maior eficiência. A medicina está desenvolvendo tanto uma teoria mais exata sobre a situação do idoso como o tratamento que lhe é adequado – uma gerontologia e uma gerontoterapia. A assistência social vem criando condições materiais para que se possa atingir uma idade cada vez mais avançada.

Se apareceram, por isso, problemas sociológicos, econômicos e de política demográfica de crescente urgência, um novo aspecto faz-se também perceptível: a atenção se volta para as pessoas idosas e indagamo-nos sobre sua importância.

Nos povos de elevada cultura, sobretudo naqueles que adotam as escalas de valores da revelação bíblica, a ancianidade possui um caráter de dignidade que provém de fontes religiosas. O quarto mandamento da lei de Deus criou um *ethos* de respeito que vigorou por muito tempo e que vem se desvanecendo durante a experiência da modernidade. Desde o século XX, há um sentimento dominante que identifica o valor da vida com a juventude.

A partir dessa idéia, a prática dos doze anos de nazismo encontrou uma "solução" para o problema que não passa de pura barbárie materialista. No momento, ela está superada; porém, seus pressupostos anímicos, aliados aos fatos aos quais deviam aplicar-se, ainda persistem e tornam-se cada vez mais fortes. Além disso, podemos também dizer, com certeza – sem que haja, por isso, suspeição de pessimismo –, que decai a avaliação do homem como pessoa humana; que, com o aumento da população e o aperfeiçoamento da tecnologia social, a "manipulação" do homem torna-se cada vez mais desenfreada; então, não podemos estar totalmente seguros de que aquela "solução" não ressurgirá, de maneira encoberta ou refinada.

RETROSPECTO

Sobre a última etapa, a própria morte, falaremos em outra oportunidade. Ficará então bem ressaltada a destruição que esse fenômeno traz consigo. Um medo insensato da morte e uma ética igualmente absurda do ponto final caminham lado a lado com uma vã mitologia da morte e com técnicas sutis de extermínio...[12] Entretanto, gostaríamos de lançar um olhar retrospectivo sobre as diversas fases da vida e as crises entre elas interpostas: a vida no útero materno, o nascimento, a infância, a puberdade, a juventude, a compreensão da realidade, a idade adulta, o reconhecimento dos limites, o amadurecimento, a tomada de consciência do fim, a velhice e a sabedoria, a entrada na senectude, a senilidade...

Essas fases formam, em seu conjunto, a vida. Não como se ela fosse constituída pela reunião das fases, pois o conjunto está sempre presente: no início, no fim, em qualquer ponto. Sustendo todas as fases, faz com que cada uma possa ser ela própria.

Por sua vez, cada fase existe para o conjunto e para cada uma das outras fases. Qualquer mal sofrido por uma fase prejudica, não só o todo como cada uma individualmente. Assim, no jovem está impresso o perfil da infância bem ou mal vivida; no adulto, o elã da juventude; no maduro, a plenitude de realizações e da experiência do

---

[12] Cf. Guardini, *Die letzten Dinge* (As últimas coisas), 5ª edição, 1960.

adulto; no idoso, o patrimônio herdado de uma vida inteira – mas a idade avançada só alcançará um sentido positivo desde que o homem tenha assumido nos anos anteriores uma atitude diante da morte que não seja um mero desviar de olhos.

Por outro lado, cada fase forma um quadro em si mesma; tem sentido próprio e não pode ser substituída por outra. Daí resulta uma série de problemas que não temos possibilidade de abordar aqui.

Para uma apreciação correta do assunto exposto, é necessário ressaltar também que todas estas considerações foram apresentadas basicamente a partir de uma visão masculina.

Não me sinto convocado para encará-las e configurá-las do ponto de vista feminino. Esta é uma atribuição das mulheres e uma tarefa muito urgente. Existe em nossa época uma tendência nefasta a igualar os sexos. Entre as justificativas dessa tendência, destaca-se como fator nocivo a sofreguidão em estabelecer a igualdade de direitos entre os sexos em todos os terrenos. Quem é capaz de distinguir as linhas multientrelaçadas em que age um impulso desse tipo não duvida que o resultado prático será a destruição da feminilidade, vindo após ela uma privação de direitos mais radical do que jamais houve. O verdadeiro caminho para a igualdade de direitos passa pelo desenvolvimento das peculiaridades, pois só nelas reside o sentido e só delas provém a força das coisas.

AS IDADES DA VIDA E A FILOSOFIA
(DE UM CURSO DE ÉTICA)

Tenho procurado sempre me manter estreitamente ligado aos meus ouvintes da Universidade. É uma experiência que tenho sentido de modo especialmente vivo neste curso de Ética, pois ele representa para mim uma espécie de síntese de todo o meu trabalho.

Isso já se exprime na própria extensão do curso. A primeira parte estendeu-se por sete semestres; precisei então interromper minhas preleções, pois não tinha ainda uma idéia bem clara da problemática da última parte, que deveria versar sobre a doutrina moral cristã propriamente dita. Por isso, no semestre seguinte, recomecei o curso pelo princípio e espero concluí-lo devidamente.

O que aqui entendo por "ética" é mais do que uma simples pesquisa do que "se deve" e do que "não se deve" e dos problemas peculiares daí resultantes. Estou interessado na busca de uma interpretação da existência humana em geral, em moldes compatíveis com a obrigação moral que lhe é imposta e com a dignidade que essa obrigação lhe confere. Procurarei, então, nestas palestras, mostrar o que ocorre do ponto de vista ético, quando o homem vive – isto é, quando age, bem ou mal. Mas, por sua participação em todos os trabalhos deste curso, senhoras e senhores, acredito que a mensagem dele também lhes pareça importante.

Entretanto, minha resposta não se completa com isso. Por minha mente passaram todos os tipos de pensamento sobre a importância que as diferentes fases da vida, inclusive a fase da velhice, têm para o conhecimento filosófico. Suponho, portanto, que elas também lhes possam interessar; ainda mais porque se enquadram bem no contexto desta série de preleções.

Não quero dizer apenas coisas óbvias; como por que o caminho para a compreensão filosófica exige de nós um empenho capaz de nos levar por todas as fases da vida; ou que o amante da filosofia deve assimilar a experiência alheia, precisando exercitar-se na observação das coisas, penetrar nos problemas com espírito de investigação e assim por diante. O que tenho em vista é algo que antecede o pensamento propriamente dito, ou seja, as possibilidades de experiência que as diferentes fases da vida oferecem – experiências que são importantes para o pensamento filosófico.

No princípio, a infância.

Ela nada tem a ver com o exercício da filosofia – para sorte sua, pois esse exercício significa, antes de tudo, uma conscientização que induz o homem a conhecer o que é e assumir a responsabilidade que lhe cabe. A criança deve simplesmente existir, viver e crescer. Porém, também experimenta constantemente com todo o seu ser, e com uma intensidade que nunca mais volta. Poder-se-ía, penso eu, saber se um filósofo teve uma verdadeira infância ou não; pois nela se formam as condições prévias que influenciam todo o futuro.

Pode-se dizer com alguma propriedade que o indivíduo reproduz na infância a época mítica da história da humanidade. O mundo anímico, interior, e o mundo das coisas, exterior; o ser vivo e o brinquedo inanimado, a cerimônia e a realidade, a fantasia e o destino interpenetram- se durante a infância. A criança vivencia o parentesco de todas as coisas, a proximidade apesar de todas as separações, o conjunto em direção ao homem e a partir dele.

Também impregna esta vivência o substrato secreto de todo o ser e, quando não sufocada pelo turbilhão do mundo circundante, a voz de Deus. É isso que dizem os verdadeiros educadores e os poetas bem informados sobre o mundo visionário da criança. Essas experiências constituem um elemento básico do espírito filosófico. Se a infância não as trouxe, elas nunca mais serão obtidas; e, se faltam, há carência de algo importante.

Na mesma época aparecem as primeiras experiências do despertar e do sonho, da fome e da alimentação, de sentir a dor e do bem-estar, do medo e da segurança, do ato da doação e do tomar, do objeto e do brinquedo. Acontece também a experiência das relações humanas imediatas: a vida no útero materno, o instante do nascimento, o relacionamento com pai e mãe; sem esquecer a vida em comum com aqueles seres por meio dos quais, na intimidade do mesmo sangue, a criança sente a estranheza de "outra pessoa": seus irmãos. Sente-se em tudo a unidade – mas, ao mesmo tempo, as divisões que tudo penetram. É o primeiro exercício dentro da estrutura formada pela multiplicidade de indivíduos.

Mas, não é nas experiências básicas que repousa todo o pensamento? E não estão localizadas nelas, também, as raízes da filosofia?

Em seguida termina a fase infantil – que não é feita apenas de felicidade, pois já constitui um tecido de prazer e dor, de inocência e culpa, como toda obra humana – e surge, com a crise da puberdade, o tempo da juventude.

Também essa fase tem uma importância especial. Nela, o indivíduo dá-se conta de uma característica da vida, sem cuja aquisição autêntica e profunda nenhuma filosofia é possível: o incondicional, o absoluto. Onde é que se torna perceptível para cada indivíduo, não podemos precisar: nas idéias, nas exigências morais, nas normas do modo de ser segundo as quais se desenvolve a vida, e assim por diante. É então que, se não obstado por fatores externos, o pensamento jovem assume uma postura de confiança e respeito diante do absoluto, que será decisiva para todo o trabalho futuro; adquire a crença na existência de uma justiça e na possibilidade de que seja aplicada; reage com sofrimento à visão da injustiça e com uma pureza que recusa concessões.

Mais tarde surgem, certamente, as limitações e os envolvimentos. Mas não é necessário destacar a significação do momento em que um pensador toma consciência do incondicional, do inatingível, luminoso e poderoso que se relaciona tão essencialmente com o espírito e a pessoa humana – como ser, como verdade, como norma, como ordem. Sim, pois um espírito a quem falta essa consciência é inválido. Deve abandonar a busca da filosofia.

Já tive oportunidade de dizer que na seqüência vem o tempo em que a própria vida se encarrega de fazer as suas correções na representação do incondicionado.

Até então o homem preferia pensar em princípios; agora aprende a ver fatos. Anteriormente estabelecia programas para a vida; hoje vê claramente como ela é, principiando a reconhecer os direitos do ser existente. Se antes sua forma de pensamento mais típica era o dilema, hoje começa a compreender, matizar, perdoar, compor-se com o possível.

Definem-se pontos importantes para o espírito filosófico: reconhecer que na vida o absoluto não está delineado de modo simples e nítido, mas entrelaçado em relatividades e cercado de incertezas, e assumir o problema conseqüente disso: a preservação do incondicional no meio do contingente, do válido-eterno no fluente e mutável.

Mas é o momento, também, de profundas crises. É quando se torna real o perigo do positivismo: de que desapareça a paixão pela distinção entre verdadeiro e falso, bem e mal, justo e injusto; de que a verdade objetivamente válida seja substituída por uma autenticidade subjetiva, por um factualismo ou mesmo pelo utilitarismo; de que as circunstâncias e o fluxo das atividades resolvam os dilemas dos "sim" ou "não" decisivos e de que tudo perca sua última significância.

É em presença desse perigo que mais intensamente se convoca a seriedade de propósitos do filósofo. Ele é responsável pela preservação da ordem no pensamento e na vida. Precisa ter discernimento, penetrar nas ambigüidades, manter a nitidez do dilema. Aí então, quando se busca o próprio núcleo da existência, que o filósofo deve professar aquele rigor que se constitui numa mescla de verdade, devotamento e fortaleza de espírito; deve conservar seu caráter no exercício da filosofia, o que constitui uma das qualidades cuja preservação é mais rara no atual quadro de abandono dos verdadeiros valores, abandono gerador do espaço vazio em que a violência pode implantar seu domínio.

A vida continua, e a escola em que se adquire o espírito filosófico se torna mais rigorosa – pressupondo-se, naturalmente, que o filósofo permaneça fiel aos seus intentos, sem enveredar pelo caminho da menor resistência nem repetindo idéias prontas, dizendo apenas o que outras pessoas pensaram, em vez de exprimir um pensamento próprio, independente.

Amadureceu. Assumiu responsabilidade pela sustentação da verdade, não só para si mesmo como para os outros. Suporta a carga do cotidiano filosófico e essa é uma carga estranha. A prática da filosofia não deveria, então, caracterizar-se pelo inusitado? Platão não nos ensinou que essa prática é sustentada pelo movimento que despertam no âmago do espírito, firme e vigorosamente, as elevadas figuras mentais que são as idéias? Muitas vezes é assim. Aquele que filosofa já viveu momentos em que a verdade e o sentido das coisas resplandecem com mais fulgor do que seu símbolo platônico, o Sol. Contudo, filosofar significa, em regra geral, busca e trabalho; freqüentemente, esforço e luta; às vezes, atribulações obscuras e infrutíferas.

Também pode acontecer que o filósofo experimente um sentimento que é pior que o poder dos fatos e das circunstâncias: o esmorecimento do espírito. Este se associa a um cansaço que se instala facilmente nessa fase da vida. Tarefas e afazeres tornam-se opressivos; por terem perdido o caráter de novidade, deixam de despertar interesse e são executados apenas por pura obrigação; o homem vê-se com excesso de trabalho e de responsabilidade e ainda assim deve suportá-los; as relações humanas há muito existentes perdem seu frescor e são mantidas apenas por honradez de caráter.

As idéias tornam-se opacas. As palavras perdem a capacidade de fazer palpitar o coração. Falar e escutar, escrever e ler... Surge a pergunta: vale a pena? Existe realmente aquela verdade em cuja busca se empenha o filósofo? Pode-se falar com justeza de valores válidos? As coisas humanas têm sentido? Não é certo que tudo é rotina e monotonia cinzenta? Torna-se premente o perigo do verdadeiro ceticismo, essa atitude a que Michel de Montaigne deu a denominação clássica ao iniciar seus *Ensaios* com a frase *Que sais je?* ("Que sei eu?"). Não "Eu nada sei", que poderia provocar a resposta "Então aprenda!", mas "Que sei eu?" Afinal, eu sei alguma coisa? Existe realmente um saber que se diferencie da incerteza e da ignorância? É possível um posicionamento autêntico? Existe o que se chama realização do espírito?

De qualquer modo, aquele que filosofa passa por essa experiência, e com uma premência maior quando a ela se acrescem desilusões pessoais, insucesso no trabalho, preocupações e doenças. E quem não recebe esses sombrios visitantes?

Mas isso também é aprendizagem. A possibilidade da quebra do sentido faz parte da existência. A vida tomou tal rumo que em seu curso muita coisa já não tem sentido – ou, ao menos, que este seja claro para nosso entendimento. Quando abordamos a idade adulta, dissemos que lhe cabe a tarefa de reconhecer o absoluto dentro da textura do circunstancial – agora se pede que mantenha esse propósito em meio ao processo desintegrador que lhe traz desânimo e debilitação. E nenhuma filosofia é adequada realmente se não consegue resistir a esse perigo.

Se o filósofo conserva sua honestidade, sem fugir aos problemas, conservando o ânimo que o faz crer no sentido da vida, por mais que tantas coisas pareçam contradizê-lo, então estará penetrando nos verdadeiros estratos da existência. As ilusões se extinguem e o genuíno soergue-se.

Não se deve, contudo, tomar-se agora como resolvidos todos os problemas. Nem se supor que se tornaram mais fáceis. Talvez o que vamos dizer, ao contrário, soe como o oposto: é o reconhecimento de que tudo se torna enigmático. Não estamos falando de questões específicas particularmente difíceis, mas de uma característica geral das coisas.

Quando se reconhece que uma coisa é assim porque outra, de algum modo, é diferente, e que essa outra, por sua vez, resulta de um fato anterior – pode-se observar que com essas palavras se diz alguma coisa, mas não muito, e de qualquer modo não o essencial. Ainda mais: o que era realmente importante dizer fica além dos limites do exprimível.

A existência adquire aquele caráter que se encontra, digamos, em uma natureza morta de Cézanne. Há uma mesa; sobre a mesa um prato; no prato estão algumas maçãs. Nada mais. Tudo está lá, bem iluminado e bem distinto. Nada a perguntar nem a responder. Entretanto, tudo é misterioso. E tudo é mais que sua própria "mesmitude" imediata. Vem-nos o pensamento que o mistério faz parte da clareza. Ele representa a profundidade que o ser vivente deve ter para não cair no engodo. Pode ser que o próprio ser seja feito de mistério: as coisas, os acontecimentos, todo esse grande evento que se chama vida.

Então, pode o filósofo fazer experiências próprias. Por exemplo, quando está sentado à tarde em seu canto e tudo em redor, os livros longamente conhecidos, os móveis, o quadro na parede e a estampa sobre a mesa perdem sua intimidade, tornam-se a um tempo estranhos, distantes e opressivos, possivelmente lhe ocorra a idéia: como é estranho que estejas assim, aqui sentado! Que sejas o que és e faças o que de ti exigem os teus dias! Que tenhas chegado mesmo a existir! Que é isso? Que está por trás das coisas? Por trás de ti mesmo? Então, ele poderá compreender o sentido de palavras como as de Próspero, na *Tempestade,* de Shakespeare.

"Somos da mesma matéria
De que se fazem os sonhos,
E nossa pequena vida
Encerra-se no espaço de um sono"
(IV.1)[13]

Mas não é realmente bem assim; nós não somos sonhos; não somos sombras que aparecem durante o sono. Somos o mistério no qual pressentimos o sinal da autêntica realidade.

Seria mau filósofo aquele que, usando de artifícios da razão, eliminasse a vibração do mistério da existência. Ao contrário, é preciso que ele a sinta claramente,

---

[13] The Tempest, Shakespeare. Em inglês, no original:
"... We are such stuff
As dreams are made of, and our little life
Is rounded with a sleep . ... " [N.T.]

observando como se torna cada vez mais densa. Também perceberá, então, como alguma coisa vai se transformando: é o mistério tornando-se habitável. Manifesta-se como o fato de ter sido criado, criação que provém da liberdade de Deus.

Nessa atmosfera ganham nova força de penetração as expressões da fé: a palavra de Deus, a criação, a graça, o sentido das coisas, a palavra de eterna e autêntica clarificação.

E agora caberia falar de uma última experiência, a morte; porém, nenhum âmbito, de nenhuma filosofia, lhe pertence. A vida pode, às vezes, encontrar-se brutalmente com a morte; por exemplo, quando de um grande perigo ou quando morre alguém muito próximo de nós. Apesar de tudo, não é essa a verdadeira morte, a morte propriamente dita. Quem por ela passa já não filosofa, presta contas de todo o seu filosofar perante o Senhor da Verdade.

Mas existe outra coisa importante: a verdadeira aproximação do final. Isto é, quando esse fim já não representa apenas a possibilidade contida na própria vida, cuja correnteza o arrasta, mas a vivência do momento em que começamos a sentir sua proximidade.

Passar por essa experiência representa muito para uma postura filosófica. Da atitude de quem a vivenciou, enfrentando o fim, eludindo-o ou afastando-o com palavras; do modo de aceitar a morte, como um passo na direção do autêntico ou como o simples término de tudo; mantendo-se a fé cristã professada, muito embora, ao vir a morte, ela seja recebida como expiação pelos males praticados na vida; ou sucumbindo-se a ela, dionisíaca ou angustiadamente, ou ainda com uma surda resignação

– de tudo isso dependem muitas coisas decisivas para o entendimento da existência. Poderíamos ainda acrescentar outras considerações, mas o que foi dito nos parece suficiente.

Nestas preleções sobre questões éticas fundamentais, dirigimos repetidamente o olhar para o conjunto da vida e procuramos dar resposta a muitos problemas específicos a partir do todo. As idéias que acabo de expor também contribuíram para essa visão. Portanto, não foi perdido o tempo a elas dedicado.

O ENVELHECIMENTO (UMA PALESTRA RADIOFÔNICA)

FALAREMOS DAQUELA FASE da vida a que se dá o nome de velhice. Poderíamos fazê-lo do ponto de vista fisiológico, como os médicos, ou da visão da prática social, como aqueles que se perguntam qual seria o melhor modo de enquadrar os idosos na vida da sociedade – ou de diversas outras maneiras. Queremos colocar a questão filosoficamente, ou seja, indagando se a velhice representa apenas o ocaso da vida, após o qual nada mais virá, ou se tem um sentido próprio, possivelmente até muito bom e profundo; assim, parece ser importante entender esse sentido e conferir-lhe efetividade.

Naturalmente, só pode falar da velhice quem souber alguma coisa dela – conhecimento que só quem esteja nessa quadra da vida pode ter. Sem essa experiência, o preletor adotará a postura mental dos mais jovens, para quem a ancianidade em si mesma nada tem de venerável, como pretende um idealismo inócuo. Ela até despertará neles, no mínimo, um sentimento de superioridade e irreverência. Muitas vezes, irritam-se com o autoritarismo dos idosos. Não esqueçamos, por último, a secreta hostilidade da vida ascendente contra a vida em declínio.

Basta pensar nos costumes de muitos povos primitivos para ver com que selvageria se manifesta essa hostilidade. Mas não é preciso voltar tanto no tempo. Na época bem recente do nazismo, não se aplicava essa escala desumana para julgar se uma vida era ou não digna de ser conservada? Não foi aí que se originou o conceito de que só a juventude tem valor? De que os idosos procuram desestimular e desconcertar os jovens? De que, além de não serem mais produtivos, sobrecarregam a comunidade, devendo, portanto, ser eliminados?

Esses sentimentos, por certo, como todos os posicionamentos puramente emocionais, têm contrapartida localizada no homem idoso que envelheceu de modo inadequado. Este sente não só rancor pela vida que se esvai, como inveja da jovialidade dos moços, de seu futuro, de seus planos e esperanças; procura de algum modo perturbar-lhes a existência, mesmo que o faça apenas repudiando tudo o que é novo e exaltando tudo o que é antigo.

Percebe-se, pois, que não é fácil falar sobre a velhice de modo autêntico. Pressupõe-se que o preletor, além de estar passando pela experiência dessa idade, também tenha reconhecido a tendência do idoso ao rancor pela vida, à inveja em relação à juventude, ao ressentimento contra as novidades, e que ao menos procure eliminar tais tendências.

Admite-se, portanto, que quem tenta dizer alguma coisa sobre o sentido da velhice já tenha vivido algo do que agora mencionamos; esse é um assunto delicado. Em todo caso, deve-se ao menos ventilá-lo para que as coisas fiquem claras.

O tempo gasto nisso também não foi perdido, porque o que dissemos já nos levou ao centro do problema. Mostrou-se de modo evidente que envelhecer não significa apenas ter vivido um certo número de anos, ou que o vigor físico está em determinadas condições, mas que há um modo correto e um modo errado de envelhecer.

Mostrou-se também que a atitude dos jovens com relação à velhice depende da imagem que o idoso faz de si mesmo e de como vive.

ASSIM, DEVE-SE DIZER em primeiro lugar, como aspecto decisivo, o que é o fundamento da sabedoria da vida: que só envelhece corretamente quem assume interiormente o envelhecimento. O que não é sempre evidente ou claro.

Com freqüência, os homens não o aceitam, apenas o sofrem. Não podem, naturalmente, eliminar o fato de que têm setenta anos e não cinqüenta ou trinta; de que suas forças não lhes permitem subir as escadas correndo – apenas lentamente; de que sua pele não é mais lisa, já apresenta rugas. E procuram esquecer suas limitações mergulhando em uma profunda mentira. São fatos do cotidiano. Basta observar as pessoas nos ônibus, em reuniões, no teatro. Fazem o possível para ocultar a realidade do envelhecimento e apresentar uma jovialidade que não existe – ilusão que não chega a exteriorizar-se, pois a comédia transparece ao olhar experiente, e à mentira junta-se o ridículo.

A primeira exigência é, portanto, assumir a velhice. Quanto mais honestamente isso acontecer, quanto mais profunda for a compreensão do seu sentido, e quanto mais pura a disciplina na busca da verdade, tanto mais autêntica e valiosa será a fase da vida que traz esse nome.

Pois a velhice também é vida. Não significa apenas o esgotamento de uma fonte que nada mais produz, ou o adormecimento de uma forma anteriormente forte e intensa – na realidade, é vida em si mesma, de espécie e valor próprios. É certo que significa aproximação à morte; mas também a morte ainda é vida. Não é só interrupção e aniquilamento, mas carrega um sentido em si mesma.

Pensemos no duplo significado do verbo "terminar", que se revela quando associado ao advérbio "completamente"[14]. "Terminar completamente" significa chegar ao fim, mas significa também "executar". A morte não é, pois, a anulação, mas o valor final da vida – coisa que nosso tempo esqueceu. Os antigos falavam da *ars moriendi* – a arte de morrer –, querendo com isso dizer que há um modo certo e um modo errado de morrer; além de simples extinção e desaparecimento, é também um cumprimento de incumbências e o atingir da plenitude, a realização derradeira da existência. Se isso é válido para a morte, mais ainda o é para a velhice.

A primeira condição para tanto é, repetindo o que temos dito anteriormente, a aceitação. O modo de sentir essa fase da vida varia na medida dessa mesma aceitação, a qual certamente não afasta nem um pouco a amargura da velhice: uma crescente necessidade de amparo, que torna o homem dependente dos outros; um desprezo provocado pela fraqueza; e tudo o mais que contêm as palavras do Eclesiastes, quando menciona "os anos dos quais dirás: Não gosto mais deles" (Eclesiastes 12.1).

---

[14] Trata-se de um jogo de palavras em língua alemã com os termos *enden* (finalizar, concluir, terminar), voll (completo, completamente) e vollenden (concluir, realizar, executar), sem correspondência adequada em português. [N.T.]

Mas mesmo isso assume um caráter diferente se aquele que envelhece sente-se unido à sua existência, identificando-se constantemente com ela por meio da aceitação, ou se partilha a opinião dos que o desmerecem, situado agora, porém, no lado menos favorável.

Seu relacionamento com os mais jovens também se altera à medida que se dá a aceitação. Ele perde o rancor à vida que se esvai e não inveja aqueles que ainda a têm. Reconhece-lhes a existência; aprende a amá-los e procura ajudá-los. Não age assim por pretender um domínio que permita encobrir a inveja mas, poderíamos dizer, por um sentimento de solidariedade em defesa da própria causa da vida; pelo desejo que essa vida, tão ameaçada e confusa, tome o rumo certo.

Essa atitude, sendo percebida pelos mais jovens, faz com que, por sua vez, estes aprendam a respeitar a idade daqueles que envelhecem. Dão-se conta da presença de uma autêntica forma de vida, ainda que não possam compreendê-la verdadeiramente. Conforme ganham confiança, incorporam à sua própria existência um novo elemento, essa forma essencial que por si mesmos não encontrariam. É um grande acontecimento, a solidariedade das diversas formas de vida em torno da vontade de que a vida tenha plenitude e perfeição!

EM QUE CONSISTE então o sentido da velhice? Parece-nos que em duas coisas.

A vida não segue um fluxo uniforme: divide-se em diferentes épocas fechadas em si mesmas. Assim, por exemplo, a infância tem seu sentido próprio, que é o do crescimento; isso faz pressupor imediatamente que haja um ambiente capaz de possibilitá-lo e estimulá-lo, e que nesse próprio quadro se conquistem valores que de outra forma não se poderiam adquirir.

Portanto, se a infância, por um lado, tem uma existência própria, representa também um preparo para a vida futura. Na realidade, o adulto se nutre daquilo que viveu e do que se tornou como criança; e sua formação será falha e defeituosa se a infância não atingiu uma verdadeira plenitude. Análogo é o que ocorre com a vida do jovem e do homem amadurecido. Quanto à velhice, constitui também uma forma própria, cujo sentido pode ser bem definido pela palavra "sabedoria".

Quem envelhece de modo apropriado é capaz de entender o conjunto da vida. Já que não antevê propriamente um futuro, o idoso volta o olhar para o passado, percebendo a correlação das coisas. Vê como interagem os fatos, os êxitos, os ganhos, as renúncias, as alegrias e as carências, e como se origina aquela maravilhosa estrutura a que damos o nome de "vida humana".

Falamos freqüentemente de personalidade. Com isso, queremos significar o modo característico pelo qual uma pessoa é ela mesma; como se associam os diferentes fatores para formar uma totalidade na construção de sua vida corpórea, anímica e espiritual; como o todo se define com base naquela núcleo que não pode ser mais atingido a partir de outros dados e que temos em mente quando dizemos "ele", e não outro.

Essa forma de personalidade tem, por assim dizer, um caráter permanente. Nós a percebemos quando conhecemos uma pessoa e, em conversas, nas formas diversas de cooperação ou na luta cotidiana, ficamos sabendo quem ela é.

Contudo, a mesma personalidade também se reveste de uma forma temporal, constituída pelo próprio transcorrer da vida. A primeira forma é como um retrato; a outra, como uma melodia. Em ambas se exprime a concepção de Deus dessa pessoa. Até certo ponto, essas formas, à semelhança de um esboço, foram-lhe dadas por Deus, por ocasião do nascimento; entretanto, as disposições interiores, as circunstâncias externas, os sucessos e azares da vida, constituem a matéria prima de sua formação.

Na medida de sua compreensão, de sua boa-vontade, de sua seriedade de propósitos na vida, ela completa esse esboço, ou não consegue completá-lo, ou o abandona.

Enquanto o homem está incurso na corrente pressurosa da vida, planejando, lutando e esperando, esse pensamento de Deus não lhe parece claro. Só se aclara sob a pressão do fim que se aproxima, quando começa a olhar para trás. É então que vê e compreende o entrelaçamento das coisas – naturalmente, supondo-se que tenha a coragem de querer ver a verdade, e a honradez de ver apenas a ela.

Assim se adquire sabedoria. Vale lembrar que, apesar de todas as diferenças de personalidade e de destino, tanto jovens como idosos são pessoas humanas e que o homem idoso pode, ao olhar sua própria vida, entender muitas coisas que, por atuarem na corrente da existência, são imperceptíveis a outros. Pode transmitir-lhes, portanto, muito de útil e agradável – admitindo-se que estes, por sua vez, estejam dispostos a aprender. As palavras, contudo, jamais exprimem o mais íntimo e profundo.

Esse foi o primeiro aspecto. O segundo lhe está estreitamente ligado, mas tem um significado especial, que vem da proximidade em que se encontra o homem que envelhece, não do fim, mas do eterno.

Mais uma vez, impõe-se uma condição: que ele saiba que existe o eterno. Ou seja, que não tenha sucumbido ao desconforto de tão só continuar vivendo, inteiramente aprisionado na corrente do tempo. Uma pessoa assim conhece apenas o ontem, o amanhã e, entre os dois, um tênue "agora". Não sabe o que está encerrado num ontem, num amanhã ou num agora: o eterno. Digamo-lo mais claramente: Deus e seu reino intemporal.

Tomemos, porém, o caso mais favorecido. Suponhamos que uma pessoa não tenha abandonado o centro interior de sua existência, nem sucumbido aos ditames da própria natureza pura e simples, com seu pretenso mistério, nem ao mero aspecto histórico, ou à insensatez de uma fé no progresso. Que, com vivo conhecimento do válido e do duradouro, tenha mantido também vivo dentro de seu ser o que dele é próprio, de modo que aí o imortal responda ao Deus eterno. Isso se torna então cada vez mais forte, no curso da velhice.

As coisas e os acontecimentos da vida imediata perdem sua premência, diminuindo a intensidade com que ocupam os pensamentos e o coração. Muitas coisas que lhe pareciam de grande importância tornam-se banais; outras, que considerava fúteis, ganham uma aura de brilho e seriedade. Mudam os pesos, surgem novas escalas de valor.

Essa experiência influi no olhar lançado sobre o conjunto da vida, de que temos falado. É como que uma antecipação daquilo que a linguagem religiosa denomina "o Juízo".

"O Juízo" significa que as coisas se libertam do disfarce das palavras, das confusões da mentira e da violência, e são levadas ao puro poder da vontade de Deus, que não engana nem se deixa enganar. Na velhice bem orientada, faz-se uma espécie de preparação para esse juízo final, que se realiza após a morte na presença de Deus.

Também assim se cria sabedoria e, conseqüentemente, autoridade. Essa autoridade não se apóia numa posição de força de nenhum tipo, mas em verdade vivida, afirmando-se por si mesma. Ela confere à velhice um sentido que nenhuma outra fase da vida possui.

PORTANTO, A CHAVE do problema do envelhecimento consiste em que o homem o aceite, compreenda-lhe o sentido e, a este, que o concretize; mas depende muito também da aceitação da comunidade, de que esta reconheça à velhice, genuinamente e com sincera amizade, o direito à vida que lhe cabe.

Observamos hoje em toda parte o conceito que encara apenas a vida jovem como portadora de valor humano e a velhice, ao contrário, como uma decadência. Não encontra isso uma correspondência exata no fato de que existem cada vez menos pessoas de idade avançada que saibam realmente o que fazer da própria vida e com plena consciência de seu significado? Esses dois fatos não se influenciam mutuamente? Não são eles que criam, ao longo de toda a vida, ao lado de tantos recursos e de um poderio em constante crescimento, uma estranha e grave imaturidade?

Fala-se muito – e com apreensão – sobre a crescente porcentagem de idosos na composição do perfil etário da população. Mas nunca vi ninguém questionar se o mais inquietante não consistiria em que hoje o idoso, de modo generalizado, não desempenha mais uma função autêntica dentro do todo, pelo fato de ele mesmo não compreender seu próprio sentido. E, desse modo, acaba por tornar-se apenas uma carga para a família, a comunidade e o Estado.

Muita coisa, inclusive dos pontos de vista sociológico e cultural, depende de que se compreenda o que significa para a totalidade o homem que envelhece; de que seja superada a perigosa puerilidade segundo a qual somente a vida jovem é valiosa sob o aspecto humano; de que nossa imagem do existir inclua a fase da velhice como um elemento de valor e assim se complete a curva da existência, sem que esta se reduza a um fragmento, vendo-se o mais como decadência.

De que adiantam, portanto, toda a gerontologia médica e todos os cuidados da assistência social, se ao mesmo tempo o próprio idoso não tiver consciência de seu significado? Sem esta, sua subsistência é apenas biológica, e ele representa um peso para si e para os que o cercam.

Daí se conclui que a comunidade deve também, por sua vez, dar ao homem que envelhece a possibilidade de completar adequadamente sua velhice, coisa que depende dele apenas em parte. É preciso que não só seu ambiente, família e círculo de amizades, mas também a conjuntura social, a comunidade e o Estado, dêem-lhe as condições de vida que ele não tenha possibilidade de dar a si mesmo.

Se isso acontecer simultaneamente ao desejo do próprio homem que envelhece de fazer corretamente a sua parte, nascerá uma forma de relação que será indispensável para todos. Uma consciência coletiva em que a velhice não seja dotada de sentido próprio – nem da possibilidade de concretizar esse sentido – é mal formada. E sofrerá diminuição de plenitude de vida, perdas de compreensão e distorções de julgamento, que se manifestarão nos momentos mais diversos.

Sobre tais aspectos, as últimas décadas oferecem também ensinamentos profundos a quem tiver olhos para ver e sentimentos no coração.

Outras obras da editora

Amkoullel, o menino fula	*Amadou Hampâté Bâ*
Anais de um simpósio imaginário	*Beto Hoisel*
Anatomia da cultura	*Aldo Bizzocchi*
Árvore do conhecimento - as bases biológicas da compreensão humana, A	*Humberto Maturana e Francisco J. Varela*
Ariano Suassuna – O cabreiro tresmalhado	*Mª Aparecida L. Nogueira*
Autobiografia – Minha vida e minhas experiências com a verdade	*Mohandas K. Gandhi*
Butoh, dança veredas d'alma	*Maura Baiocchi*
Caminho é a meta: Gandhi hoje, O	*Johan Galtung*
Carta a um amigo	*Nagarjuna*
Conquista psicológica do mal, A	*Heinrich Zimmer*
Coração da filosofia, O	*Jacob Needleman*
Cultivando a mente de amor	*Thich Nhat Hanh*
Dhammapada	*Trad.: Nissim Cohen*
Deuses do México indígena	*Eduardo Natalino dos Santos*
Ética, solidariedade e complexidade	*Edgar Morin, et al.*
Falsafa: a filosofia entre os árabes	*Miguel Attie Filho*
Filosofias da Índia (edição revisada e ampliada)	*Heinrich Zimmer*
Forjadores espirituais da história	*Ignacio da Silva Telles*
Gandhi: Poder, parceria e resistência	*Ravindra Varma*
Grinalda preciosa, A	*Nagarjuna*
Héracles, de Eurípides	*Cristina Rodrigues Franciscato*
Livro tibetano do viver e do morrer, O	*Sogyal Rinpoche*
Máscaras de Deus, As mitologia primitiva – vol. 1 mitologia oriental – vol. 2	*Joseph Campbell*
Mente zen, mente de principiante	*Shunryu Suzuki*
Minha terra e meu povo	*Tenzin Gyatso, XIV Dalai Lama*
Mitos e símbolos na arte e civilização da Índia	*Heinrich Zimmer*
Muito Prazer, São Paulo! - Guia de museus e instituições culturais de São Paulo	*Simona Misan e Thereza C. Vasques*
Oração centrante	*M. Basil Pennington*
Páginas de uma vida	*Ignacio da Silva Telles*
Paixões do ego – complexidade, política e solidariedade, As	*Humberto Mariotti*

Para uma pessoa bonita	*Shundo Aoyama Rôshi*
Poder do mito, O	*Joseph Campbell* e *Bill Moyers*
Roca e o calmo pensar, A	*Mahatma Gandhi*
San Juan de la Cruz, o poeta de Deus	*Patrício Sciadini, OCD*
Soluções de palhaços	*Morgana Masetti*
Transdisciplinaridade	*Ubiratan D'Ambrosio*
Valor das emoções, O	*M. Stocker e E. Hegeman*
Vestígios – escritos de filosofia e crítica social	*Olgária Matos*
Yoga – imortalidade e liberdade	*Mircea Eliade*
THOT	*Publicação de ensaios*

Co-edição – Palas Athena/EDUSP:

Diálogos dos mortos, Luciano	*Henrique Murachco*

Co-edição – Palas Athena/EDUC:

Hypnos	*Diversos*

Prezado leitor da obra
A aceitação de si mesmo e As idades da vida

Para que possamos mantê-lo informado sobre as novidades editoriais e as atividades culturais da Associação Palas Athena, solicitamos o preenchimento dos campos abaixo, remetendo o cupom para a Editora Palas Athena, Rua Serra de Paracaina, 240 - São Paulo, SP - CEP 01522-020 ou pelo FAX (11) 3277.8137.

Nome ....

Profissão ....

Endereço ....

Cidade .... Estado ......

CEP ....

Fone (   ) ....

Fax (   ) ....

Celular (   ) ....

E-Mail ....

Áreas de interesse:

- ❑ Mitologia
- ❑ Filosofia
- ❑ Religiões
- ❑ Antropologia
- ❑ Educação
- ❑ Psicologia
- ❑ Outras áreas:

Acabou-se de imprimir
na primavera do ano 2003
nas oficinas da Gráfica Palas Athena.